인문잡지 한편
8

콘텐츠

"역사의 전환기를 사는 인간의
지각기관에 주어진 과제는
단순한 시각적 수단,
즉 관조로는 결코 해결될 수 없다.
그것은 촉각적 수용에 의해서,
즉 적응을 통해서 점차 극복된다."

발터 벤야민,
「기술복제시대의 예술작품」

인문잡지 한편
2022년 5월
8호

콘텐츠

지난 호 '중독' 필자를 찾을 무렵 웹진《비유》에서 중독에 관한 이미 좋은 글을 봤다. "우리는 꼼짝없이 (생계를 위해, 인정을 위해, 당장의 욕구를 위해, 자신의 '일중독'을 상대하기 위해) 주어진 일 이상을 '자꾸 해내 버리는' 유감스러운 교착 상태에 처해 있다."(이연숙, 「막간」) 그의 일은 "기획서 쓰기, 사람들을 만나기, 이메일 쓰기, 전화하기, 홍보하기, …… 노후 대비에 대해서는 잊어버리고 다음 기획서 준비하기" 등이며 "나는 이 '일'이 내 삶의 외면과 내면 모두에서 전혀 분리될 수 없다고 느낀다."라고 한다. 나는 이 글에 거부감과 공감을 느끼며 동료 편집자들에게 링크를 공유했고, 글 속에서 원고를 청탁할 다른 필자를 찾아내 버렸다.

　　나의 일은 기획서 쓰기, 사람들을 만나기, 이메일 쓰기, 전화하기, 홍보하기…… 임신 계획에 대해서는 잊어버리고 다음 기획서 준비하기 등이다. 솔직함의 양식으로 쓴 콘텐츠 생산자의 일. 편집자로 일하면서 내가 글쓰기에 요구하는 원칙은 솔직해야 한다는 것뿐이다. 그러기 위해서 늘 너무 바쁜 동료 편집자들, 필자들, 독자들이 산만함에서 벗어나 자기 자신에게 집중해 주기를 바랐다. 하지만 애초에 솔직한 사람이 계속해서 솔직해지는 동안 솔직해 본 적 없는 사람이 솔직해지기란 쉽지 않고, 조용한 시절은 돌아오지 않았다. 산만함 속에서 솔직해질 수 있을까? 우리가 공유할 수 있는 콘텐츠 생산의 원칙은 무엇일까?

콘텐츠 시대의 감각

인문잡지 《한편》은 언제나 주제어에 대한 어감에서 출발한다. 그런데 콘텐츠야말로 이 말에 대한 어감에서 시작할 수밖에 없다. 콘텐츠라는 말 앞에서 사람들은 저마다 '왜 그런 말을 쓰는 거지?' '뭐라고 하는지 볼까.' 하거나 '무슨 콘텐츠 이야기일까?' '얻을 만한 게 있을까?' 하고 반응한다. 콘텐츠에 거리를 두거나, 뛰어들거나.

디지털 세상에 떠다니는 모든 내용물을 보고, 듣고, 만들고, 파느라 바쁜 오늘날이다. SNS에 중독된 이용자들이 플랫폼 기업으로부터 얻는 이득과 손해의 정체는 뭘까? K-콘텐츠의 득세는 나와 무슨 상관이 있을까? 불안하고 우울한 매일매일을 채우는 모든 이야기가 돈으로 바뀔 수 있을 때 어떻게 정신을 차리고 살아갈 수 있을까? 이런 질문을 품고 철학에서 미학, 인류학, 사회학, 법학, 문학, 언론학, 과학기술학까지 열 편의 글을 실었다.

"관중은 시험관인데, 정신 산만한 시험관이다." 발터 벤야민의 이 문장은 열 편에 흐르는 배경 음악이다. 지금으로부터 90여 년 전 극장의 관객석을 지켜보며 쓴 구절이 수많은 콘텐츠를 보고 있는 우리의 주의 산만에 겹쳐진다. 손에 쥔 스마트폰이 초래하는 산만함이 콘텐츠 시대를 보는 출발점이다.

요즘에는 거장의 영화에서 고양이 동영상까지 전부 콘텐츠라 부른다고 영화감독 마틴 스코세이지는 말했다. 시네마의 저무는 영광을 안타까워하는 발언으로부터 철학 연구자 이솔의 「산만한 나날의 염증에 관하여」가 시작한다. 이미지의 범람 속에서 허우적거리거나, 그 속에 뛰어들어 무한 복제의 흐름에 몸을 맡기거나. 후자가 이 글이 보는 콘텐츠 시대의 생존 지침이다. 그러나 "정신이 산만한 시험관에게 과연 기대를 걸 수 있을까?" 미술비평가 콘노 유키의 「핫플레이스의 온도」는 사진 찍기 좋은 '핫플'이 막상 뜨겁지는 않은 배경으로 아무렇지 않게 물러나는 기제를 분석한다. 미술작품 앞에서 인증샷을 찍고 떠나가는 인파 속에서 작품도 작품의 배경도 매끈하고 쾌적한 콘텐츠가 되어 버린다. "따스함에 둘러싸인다면, 분명 눈에 비치는 모든 것은 메시지"라는 달콤한 유행가가 흐르는 미지근한 공기, 불면의 밤 볼거리를 찾아 헤매는 지긋지긋함의 감각을 포착하는 두 편이다.

그들이 아니라 우리 이야기

콘텐츠는 "부호·문자·음성·음향 및 영상 등의 자료 또는 정보"(「문화산업진흥기본법」)로 정의된다. 디지털 공간에서 흐르는 자료 또는 정보는 그저 존재하는 것이 아니라 최종 소비자에게 도달했을 때에야, 즉 팔렸을 때에야 엄연한 콘텐츠가 된다. 먹방, 쿡방, 겜방에 액체괴물, 커버댄스 영상 등등 수많은 콘텐츠가 아우성치는 가운데 무슨 이야기를 들어 볼까?

인류학 연구자 김윤정은 「귀여움이 열어젖히는 세계」에서 동물콘텐츠의 힘을 이야기한다. 동물 영상 구독자들이 말하는 "귀여워……"는 개의 눈매, 고양이의 앞발이 귀엽다는 것만이 아니다. 귀엽다는 발화는 야옹이, 릭, 뱀식이라는 상대를 향해 자기 세계를 여는 발화점이라는 주장이다. 대중문화를 연구하는 신윤희는 「아이돌 팬이라는 콘텐츠」에서 아이돌의 영상통화 팬사인회 즉 영통팬싸 관찰기를 풀어놓는다. 팬덤은 그들만의 이상한 방식으로 소통하는 '현상'이 아니라, 서로 친절하게 즐길거리를 공유하며 스타와 함께 사건 사고를 헤쳐 나가는 '주체'라는 주장이다. 두 연구자는 현장연구 대상이자 그 자신이 속한 집단의 긍정성을 거리낌 없이 옹호하고 있다. 이는 멀찍이서 사람들을 관조하며 위기 또는 가능성을 판단하는 앞 세대 연구 경향과 중요한 차이를 드러내며, '시대의 과제를 해결하려면 시각적인 관조가 아니라 촉각적인 수용을 통해야만 한다'는 「기술복제시대의 예술작품」의 통찰과 공명한다.

한편 우리가 사는 온라인 세계는 조리돌림과 악플이 사람을 해치는 공간이다. 앤절라 네이글은 『인싸를 죽여라』에 미국의 온라인 대안우파가 자행한 언어폭력의 끔찍한 사례들을 기록했다. 위계 없는 연결망이라는 이상은 괴롭힘의 타깃이 계정을 폭파하고 현실의 일자리마저 잃을 때까지 린치를 가하는 집단폭력 앞에서 의미를 잃는다는 것이다. 이처럼 콘텐츠 시대 특유의 폭력을 염두에 두고 다음 두 편을 읽어 보자. 독립 큐레이터 천미림의 「범죄물을 대하는 자세」는 범죄 콘텐츠의 재미와 실제 사건의 무게 사이에서 인간이 잔혹한 이야기를 즐긴다는 역설을 분석한다.

범죄 실화를 다루는 작품의 미적 형식과 도덕적 내용 구분하기가 실마리이니, 만물을 '콘텐츠'로 일컫는 무심함에 브레이크를 잡는 철학적 탐구다. 법학을 연구하는 허지우의 「"그거 이차가해 아닌가요?"」는 가해자가 고발되는 즉시 세워지는 온라인 법정을 탐구한다. 관심을 주고 재미를 얻는 경제 속에서 하자 있는 상품을 즉각 단죄하려 드는 우리의 마음이 판결을 요구한다. 그럼에도 경제와 법정 논리가 미치지 못하는 내면의 "움푹 꺼진 공간"을 찾자는 제안은 역시 '그들'이 아니라 '우리'를 향한다.

예전에는 무슨 일이 있었는가 하면……

온라인 세상의 어둠 위로 빛나는 별 같은 존재. 킬러 콘텐츠란 콘텐츠 중의 콘텐츠, 한 플랫폼을 먹여 살리는 효자 상품을 일컫는다. 킬러 콘텐츠를 향한 꿈 또는 질시 속에서 "'문학의 영역', '출판 업계', '언어의 미래', 그리고 소통 그 자체까지…… 아무도 이것이 무엇을 의미하는지 몰랐다."(『세스 프라이스 개새끼』) 콘텐츠 시장에서 문자 매체가 가장 뒷줄에 서 있는 역사의 전환기에 지난날을 돌아볼 여유를 선사하는 두 편을 소개한다.

『쓰레기 고서들의 반란』과 『조선잡사』를 쓴 장유승은 한달음에 보는 동아시아 책의 역사를 펼쳐놓는다. 「조선 사람이 선택한 콘텐츠」에는 조선 후기 소설에 빠진 여성과 하층민들, 그들에게 독서인 정체성을 뺏기고 싶지 않았던 사대부들이 등장한다. 규모의 경제가 돌아가지 않는 상황에서 관 독점 출판에 균열을 일으킨 것은 통속물에 열광한 일반인이었다. 그러니 "좋은 콘텐츠를 만들 생각 말고, 나쁜 콘텐츠를 막을 생각 말라."『세계문학의

『구조』의 저자 조영일은 「콘텐츠 시대의 예술작품」 쓰기를 시도한다. 지난 20세기에 예술작품이 기술적으로 복제되기 시작했다면, 「오징어 게임」이 방영 17일 만에 1억 1100만 뷰를 올린 지금 복제되는 것은 알고리즘에 끌려다니는 인간이라는 것이다. 이때 콘텐츠 시대의 덕목인 솔직함이란 "초연결사회라는 유토피아"에서 관심을 얻기 위해 지불하는 대가라는 점이 드러난다. 그는 여기에 "혼자 묵묵히 눈을 치우는" 형상을 대비시킨다.

문득 산만하게 뛰어들자

'나만의 콘텐츠를 만드세요!'라는 구호는 콘텐츠 생산이라는 환상을 부추긴다. 솔직함을 팔라는 제안에 어떻게 응하면 좋을까? 성공한 사람들은 말한다. "나는 정보도 요리도 소비자보다 생산자가 더 대단하다고 단언한다. 요리는 미식가나 소비자보다 요리를 만드는 사람이 몇 배나 더 대단하다. 왜냐하면 생산자는 언제라도 소비자를 사로잡을 수 있으나 소비자는 아무리 '통'이라 해도 생산자를 따라잡을 수 없기 때문이다."(우에노 지즈코, 『논문 쓰기의 기술』) "'글로벌 언어가 나를 죽여!'라고 말하느니 차라리 그것을 잡고 움직여 보세요."(가야트리 차크라보르티 스피박, 『읽기』) 세계를 지배하는 언어가 나를 죽인다고 말하느니 차라리 그걸 붙들고 정보 생산자가 되어도 괜찮다는 조언 같다.

마지막 실천편에서는 생산 방식을 찾고 있는 사람들을 만난다. 기자 정민경의 「'되는 이야기' 만드는 법」은 뉴미디어 시대에 기자 또는 콘텐츠 크리에이터로 일하면서 얻은 깨달음을 공유한다. 부동산 폭등, 폭락만을 외치는 기사의 홍수 속에서도 '내가 사는 집' 이야기를 들려주는 다큐 콘텐츠가 존재한다. 한쪽의 관점만 강화하는 것이 아니라 또 다른의 상상력을 더하는 것이 좋은 콘텐츠의 기준이다. 과학기술 시민단체에서 활동하는 김찬현의 「막힌 곳을 뚫는 과학」은 전문가, 비전문가, 시민이라는 구분을 넘나든 소통 경험을 전한다. 물론 모두가 서로 다른 언어를 쓰고 있으며, 우리 시대의 과제인 기후변화는 거대하다. 그럼에도 막힌 말문이 뚫리는 순간의 즐거움이 동력이 된다. 이제 콘텐츠에서 소재와 전달 방식, 다시 말해 내용과 형식의 문제를 정리해 보자. '내용이 없어!'라는 울부짖음과 '형식이 전부다.'라는 잠언 사이에서 내용형식(김현, 「문학이란 무엇인가」)의 완성도를 높이는 것이 관건이고, 그러려면 끈기 있게 사람들을 만나서 이야기를 나눠 봐야 한다.

　　멀리서 지켜보다가 문득 산만하게 뛰어들기. 벤야민은 정신 산만이 차라리 시대 전환기에 적응하는 방법이라고 이야기한다. "어떤 과제를 산만한 가운데 해치울 수 있다는 것은 과제 해결하는 일이 습관이 되었다는 걸 보여 준다." 극에 달한 산만함 속에서 《한편》이 기획한 총서가 오는 6월 출간된다. 삶 속에서 공부하는 당신을 위해 준비한 '탐구 시리즈'에 많은 관심을 부탁드린다.

신새벽(편집자)

일러두기

[1] 저자의 주는 각주로 표시했고 참고 문헌은 권말에 모았다. 외래어 표기는 국립국어원의 외래어 표기법을 따랐으며 일부 관례로 굳어진 것은 예외로 두었다.

[2] 단행본은 『 』로, 논문, 기사, 영화 등 개별 작품은 「 」로, 잡지 등 연속간행물은 《 》로 표시했다.

산만한 나날의
염증에 관하여

이솔

이솔   서강대 철학과에서 사르트르의 현상학적 이미지 이론을 분석한 「이미지란 무엇인가」로 석사 학위를, 사르트르와 들뢰즈의 이미지 이론을 비교 분석한 「이미지에 관하여」로 박사 학위를 받았다. 사르트르의 최초의 철학서인 『자아의 초월성』(공역)을 번역하고 『사르트르의 미학』(공저)을 출간했다. 서강대, 성신여대, 가톨릭대에서 강의하고 있으며, 주요 논문으로 「사르트르와 유아론(solipsisme)의 문제」, 「사르트르와 들뢰즈에서 잠재성의 문제」 등이 있다. 가상, 이미지, 상상력의 현대적 의미에 대해 관심을 가지고 연구하고 있다.

[주요어] #상업주의 #클리셰 #밈
[분류] 철학 > 서양현대철학, 매체미학

"콘텐츠는 무언가가 가치를 가지기 때문에
그것을 복제하는 것이 아니다.
오히려 콘텐츠는 밈적인 방식으로
무언가를 클리셰화함으로써
그것의 가치를 만들어 낸다.
어떤 언어적 표현이나 몸짓, 나아가
어떤 대상 내지 인물, 실제적이거나 비실제적인
모든 것이 그런 복제의 대상이 된다."

도처에 콘텐츠라는 말이 떠돌고 있다.

　우리는 매일같이 콘텐츠를 소비하며, 제작자들은 가장 많은 조회 수를 기록해 줄 콘텐츠를 찾아내려 분투한다. 그러나 이렇듯 콘텐츠가 사방을 뒤덮는 가운데에도 도대체 콘텐츠가 무엇인지는 좀처럼 드러나지 않는다. 오늘날 횡행하는 콘텐츠라는 표현의 의미에 대해 마틴 스코세이지는 페데리코 펠리니에게 헌사한 글에서 다음처럼 쓰고 있다.

　오늘날 영화 예술은 조직적으로 평가 절하되고, 소외되고, 비하되면서 '콘텐츠'라는 최소한의 공통분모로 축소되고 있다. 15년 전만 해도 '콘텐츠'는 영화에 대한 진지한 대화를 나눌 때나 들을 수 있는 단어였으며, '형식'과 대비되고 비교되는 의미로만 쓰였다. 그런데 그 뒤로 예술형식의 역사에 대해 전혀 모르고, 심지어 알려고 하지도 않는 이들이 미디어 회사를 인수하면서 점차 '콘텐츠'라는 단어를 쓰기 시작했다. '콘텐츠'는 데이비드 린의 영화, 고양이 동영상, 슈퍼볼 광고, 슈퍼히어로 시리즈, 드라마 에피소드 등 모든 영상 매체에 적용되는 비즈니스 용어가 됐다.[1]

콘텐츠라는 말의 의미는 결코 그에 대한 사전적 정의에 제한되지 않는다. 그렇기 때문에 이 표현이 무엇을 의미하는가를 파악하기 위해서는 이 말이 실제로 발화되고 유통되는 현행의 국면들, 곧 지금 우리의 삶을 들여다보아야 한다.

[1] 마틴 스코세이지, 김루시아 옮김, 「펠리니와 함께 시네마의 마법이 사라지다」,《르몽드디플로마티크》2021년 8월호.

범람하는 콘텐츠와
'어떻게'의 문제

콘텐츠라는 말의 상업주의적 함축은 이 표현의 용례를 통해 분명히 드러난다. 콘텐츠에 흔히 따라붙는 말, 가령 '콘텐츠-시장', '콘텐츠-상품' 등은 콘텐츠가 시장경제의 원리 내에서 유통되는 일종의 상품임을 증언한다. 콘텐츠가 비즈니스적 용어임을 고발하는 가운데 이 나이 든 영화감독이 드러내 보이려 했던 것은 작품이 상품이 된 현실이다.

그러나 이 상품화가 과연 제작의 측면에 국한되는 문제일까? 어쩌면 더 근본적인 문제는 이 시대를 살아가는 사람들이 더 이상 예술작품을 원하지 않는다는 사실 아닐까? 예술작품이라는 말은 너무도 무겁고 부담스러운 것이어서, 작품을 감상하는 일은 그 자체로 또 다른 노동처럼 느껴진다. 그렇기에 사람들은 자발적으로 작품을 감상하기보다 콘텐츠를 소비하기를 택한다. 생계를 위한 노역이 계속되는 가운데 짧디짧게 찾아오는 귀중한 시간을 또 다른 노동에 시달리기보다는 차라리 말초적인 즐거움을 소비하며 흘려보내는 편이 낫다고 여기기 때문이다. 이미 우리에게는 영화 예술이라는 표현보다 콘텐츠라는 표현이 익숙하다. 예술작품의 가치를 부정하려는 것은 아니다. 분명 우리는 이따금 까닭 모를 허기를 느끼고 심오한 통찰과 메시지가 담겨 있는 예술작품의 주변을 기웃거리곤 한다. 그러나 '작품'에 담긴 가치는 닿기에 요원한 것이어서, 대개 우리는 조회 수와 추천 수를 통해 '작품성 있는' 콘텐츠를 선별하고 이를 소비하는 데에 만족하는 것이다.

콘텐츠라는 말 속에서 찾을 수 없는 것은 콘텐츠 그 자체이다. 무언가를 콘텐츠라 지칭할 때 그 표현은 그것이 가리키는 개개 작품의 실질적인 내용을 순식간에 무상한 것으로 만들어 버린다. 콘텐츠라는 명명 속에서 한 작품이 가지고 있는 고유의 메시지는 휘발된다. 콘텐츠라는 명명에 의해 일순간 작품은 마취총을 맞은 짐승처럼 양순해지고, 알고리즘의 체계 속에서 특정한 종류와 범주의 콘텐츠들 중 하나로 분류된다. 그리고 이렇게 유형화된 콘텐츠의 플레이 버튼을 누르면서 이미 우리는 진부함을 느낀다. 그 어떤 기대도 가지지 않은 채 본 것을 다시 보고, 알고 있는 이야기를 읽고 또 읽는다. 어쩌면 우리는 이 진부함에 기대고 있

이솔

는 것인지도 모른다. 일상을 영위할 표준적이며 정형적인 루틴(routine) 내지 리추얼(ritual)을 만들어 내고 그에 종속됨으로써 안정을 찾듯, 사실 우리는 더 이상 '새로운 것'을 원하지 않는지도 모른다. 여가와 오락을 위해서 필요한 건 위험천만한 모험이 아니다. 오히려 우리를 더없이 만족스럽게 하는 것은 적당한 참신함을 가진 '판에 박힌 것들'이다.

　문제가 되는 것은 범람의 상황이다. 몇 세기 전부터 예견되었던 이미지의 범람은 현시대를 살아가는 우리가 당면한 현실의 모습이다. 매분 매초마다 새로운 콘텐츠들이 무수히 쏟아져 나온다. 상영관 앞에 붙은 영화 포스터가 한정적이고 텔레비전의 채널이 제한적이었던 과거와 달리, 지금 우리는 콘텐츠를 접할 수 있는 너무나도 많은 채널들 그리고 그토록 많은 채널들에서 끝없이 쏟아져 나오는 무수한 콘텐츠들과 마주하고 있다. 이 범람이 문제적인 것은 단지 양적인 측면의 다수성 때문이 아니다. 범람이라는 표현이 경고하는 것은 지나치게 많은 콘텐츠들 속에서 중심을 잡지 못하게 될 것이라는 사실, 쏟아지는 콘텐츠들에 휘말리고 그 속에서 허우적거리는 가운데 주체성을 지탱하지 못하고 수동적으로 휩쓸리게 될 것이라는 사실이다. 이러한 상황에서는 작품의 감상과 평가를 위한, 말하자면 관조를 위한 최소한의 거리 두기가 이루어질 수 없다. 우리는 포화된 이미지들 속에 파묻혀 있고, 파도처럼 밀려오고 또 밀려오는 이미지들을 스스로 감상하고 이해하며 평가할 여력이 없다.

어떤 플랫폼이건 채널이건 간에 우리가 그곳에서 발견하는 콘텐츠들은 이미 대부분이 광고들이며 또 광고를 위한 것들이다. 그러나 콘텐츠는 현대의 만성화된 상업주의가 드러나는 하나의 방식일 뿐 그 근본 원인이 아니다. 콘텐츠의 상업주의적 본성에 지나치게 몰두할 때 우리는 이미 우리의 일상이 자본의 논리에 젖어 있다는 사실을 간과한다. 또한 이전 시대와 작금의 상품화 정도를 단순히 양적으로 비교하는 방식을 통해서는 어떤 탈출구도 마련할 수 없다. 그렇기에 우리가 묻고, 관찰하고, 답해야 하는 것은 더와 덜의 문제가 아니라 '어떻게'의 문제이다.

이솔

콘텐츠 복제 시대

콘텐츠는 예술을, 나아가 우리의 삶을 어떻게 변화시키고 있는가? 영화가 등장했을 때 사람들은 '이것이 예술인가'를 물었다. 그러나 발터 벤야민에 의하면 끝끝내 제기되지 않은, 그리고 이 물음에 선행되어야 했던 물음은 그것의 "발명으로 인해 예술의 성격 전체가 바뀐 것이 아닐까 하는 물음"[2]이다.

　　벤야민을 따라 '콘텐츠로 인해 무엇이 바뀌었는가'를 물어보자. 모든 변화는 기술적 토대 위에서 이루어지기에, 매체적 현실을 바탕 삼아 콘텐츠에 대해 사유해야 한다. 무한한 복제가 가능해진 기술적 조건의 마련, 카메라 및 통신 장비의 보급, 온라인 연결의 보편화, 유통망의 안정화……. 원한다면 누구나 콘텐츠를 제작할 수 있고, 누구나 시공간적 제약 없이 그것을 접할 수 있다. 기회가 충족되었고, 새로운 수만 개의 목소리들이 쏟아져 나온다. 또한 양적 변화가 일정 정도에 이르러 질적 변화로 나타나듯 수적 증가는 질서의 변

[2]　발터 벤야민, 최성만 옮김, 『기술복제시대의 예술작품』(길, 2021), 62쪽.

화를 수반한다. 그것은 우리가 욕망하는 방식뿐 아니라, 우리가 세계를 지각하는 방식까지도 변화시킨다.

스코세이지의 애달픈 토로로부터 발견되는 것은 기존의 체계를 지탱했던 권위가 서서히 무너져 내리고 있다는 사실이다. 벤야민은 지각의 매체에서 일어나는 변화를 '아우라의 붕괴'라 진단했다. 작금의 시대에 우리는 벤야민이 그의 시대에 목격했던 것보다 더 빠른 속도로 아우라가 사라지고 있음을 안다. 예술작품과 콘텐츠 사이의 구분선은 이미 희미해졌다. 권위를 위협받는 이들은 두려움에 휩싸여 콘텐츠의 세속성을 지탄한다. 하지만 사람들은 대뜸 묻는다. 우리가 만들어 낸 것들이 상품 광고로 점철된 드라마, 거대자본의 수주를 받아 제작된 영화와 무엇이 다른가? 콘텐츠는 더 이상 스스로 예술이기를 바라지 않는다. 예술작품이 닿을 수 없이 먼 곳에 있기 때문이 아니라, 근본적으로 양자 사이에 그 어떤 본성상의 차이도 없기 때문이다.

작품이 가진 권위가 붕괴됨에 따라 빈 곳을 차지하게 된 것은 다수의 콘텐츠이다. 아이들은 콘텐츠를 보며 자라고 어른들은 콘텐츠를 보며 잠든다. 안데르센의 동화는 디즈니 만화가 되었고, 고다르와 히치콕의

이솔

영화는 영상 클립이 되었으며, 『논어』와 『향연』은 오디오북이 되었다. 모든 고전은 콘텐츠화되는 방식으로 대체되고 있다. 콘텐츠는 심지어 그 자신마저도 복제하고 또 계속해서 복제해 나간다. 이 복제는 여러 미디어들을 넘나드는 방식으로 이루어지기도 하며, 단일한 미디어 채널 내의 모방으로도 나타난다. 2012년 연재된 웹툰 「미생」이 인쇄된 만화로 출판된 다음 2013년 모바일 무비로, 2014년 TV 드라마로 변신한 것이 전자에 해당하는 사례다. 한편 스트리밍 방식으로 제공된 콘텐츠가 편집을 거쳐 다시금 업로드 되는 것, 게임 방송과 '먹방'처럼 유행하는 콘텐츠들이 유사한 내용과 형태로 증식하는 것, 혹은 드라마나 영화 같은 기존 콘텐츠를 요약하는 콘텐츠들이나 급부상한 특정 콘텐츠의 배경 및 내용을 설명하는 또 다른 콘텐츠들이 거듭 생성되는 것은 단일 채널 내의 자기 복제의 실례들이라 할 수 있다.

흐름을 놓치지 말라

그렇다면 이렇듯 복제에 복제가 거듭되는 현상이 알려주는 것은 무엇인가? 콘텐츠의 생태계에서 더 이상 원본 내지 원형이 근본적인 가치를 가지지 않는다는 것이다. 원본에 내재된 본질이 중요한 것이 아니라, 그것을 복제하는 운동의 흐름 자체가 관건이 된다. 복제에 복제를 거듭하는 콘텐츠들이 지난 세기의 예술작품과 달리 영원불멸의 가치를 간직하지 않고 소모적인 것이 되기를 자처하며, 즉각적이며 직접적인 전파의 과정 속에서 그 자신의 형체를 남기지 않은 채 흩어져 사라지는 것은 바로 이와 같은 까닭에서다. 오늘날의 콘텐츠를 특징짓는 것은 얼어붙은 결정 같은 불멸의 작품이 되고자 하는 오래된 열망이 아니다. 가치의 척도가 되는 것은 원형으로 자리매김할 만한 본질적 가치를 가지고 있는가도, 원형을 모범적으로 모방하고 있는가도 아니라 이와 같은 모방의 유희를 수행하고 있는가다.

우리는 판에 박힌 것들에 둘러싸여 있고 이미 보았던 것들을 보고 또 본다. 우리는 읽어 내지 않고 그저 바라볼 뿐이며, 우리의 망막을 스쳐 지나는 이미지들을 따라가는 것으로 충분하다. 여기에 남는 것은 사유하는 주체가 아닌 관람하는 주체다. 우리가 관람하는 이미지란 완전히 단순하며 평면적인 것들, 곧 클리셰들이며, 이 이미지들은 그것에 대한 심층적인 해석을

이솔

요구하지 않는다. 이제 여기에 한 가지 내용을 덧붙여야 할 것이다. 콘텐츠의 세계를 떠도는 이 이미지들, 곧 클리셰들은 더 이상 이전 시대에 그랬던 것과 같은 비판의 대상이 아니라는 것이다. 클리셰는 그것이 판에 박힌 것이기에 옹호되고 환영받는다. 반복되는 복제의 흐름 속에서 수행되는 것은 무언가를 클리셰로 만드는 일이다.

콘텐츠는 무언가가 가치를 가지기 때문에 그것을 복제하는 것이 아니다. 오히려 콘텐츠는 밈(meme)적인 방식으로 무언가를 클리셰화함으로써 그것의 가치를 만들어 낸다. 어떤 언어적 표현이나 몸짓, 나아가 어떤 대상 내지 인물, 실제적이거나 비실제적인 모든 것이 그런 복제의 대상이 된다. 이와 함께 철저하게 거부되는 것은 이 운동의 과정을 반추하는 일이다. 반성은 메두사의 눈과 같아서, '이것이 왜 유행하는가'를 이해하고 설명하려는 모든 시도는 곧장 그것의 역동적 흐름을 응결시킨다. 콘텐츠 세계의 생존 지침은 '흐름을 놓치지 말라'는 것이다. 관건이 되는 것은 짧디짧은 생명력을 가지는 이 모방과 복제의 흐름 속에 합류되어 있다는 동질감을 전시하는 것이지, 대상과 거리를 두며 그것을 관조하고 숙고하는 것이 아니다. 때를 놓쳐서는 안 된다. 즉각적으로 반응하고 그것에 합류하여 흐름을 형성하기 위해서는 그 어느 때보다도 산만하게 주변을 두리번거려야만 한다. 요구되는 것은 일종의 음악적인 감각, 곧 리듬감이다. 리듬에 맞춰 만들어지는 이 물결은 역사상 그 어떤 시기의 것보다도 빠르고 거칠며 쉽사리 부서지지만 또다시 형성되고 형성되기를 멈추지 않는다.

유튜브, 인스타그램, 틱톡과 같은 여러 채널에서 우리는 흡사 파도와 같은 이 흐름이 생성되고 흩어지는 광경들을 수도 없이 목격할 수 있다. 그러나 머나먼 상공에서 내려다본 바다의 포말이 길게 그어진 하얀 선으로 보이듯, 이 흐름으로부터 멀리 거리를 둔 이들에게 물결의 역동성은 결코 보이지 않는다.

고립된 자아가 아닌 '우리들'

부단히 형성되고 흩어지는 콘텐츠의 흐름이 어떤 원형으로부터 비롯되지 않는다는 사실이 다시 한번 강조되어야 할 것이다. 지난 시대와 비교하자면 형편없이 보잘것없는 욕망들이 웅성거리고 있을 뿐이다. 그 자신의 정체성조차 고민하지 않는 거칠고 난잡한 목소리가 터져 나오고 있다. 한곳이 아닌 여러 곳에서, 어떤 질서에도 따르지 않고 쏟아져 나오는 이 목소리들은 수면에 부딪혀 산산조각 나는 가운데 예측할 수 없는 파문을 그려 내는 빗방울들처럼 무수한 이야기들을 만들고 또 만들어 나갈 뿐이다. 산발적으로 튀어 오르는 만 개의 목소리들이 말하는 것은 더 이상 진리도 진실도 아닌 제각기의 서사들이다.

벤야민은 일찍이 기술복제시대의 작품 수용 방식이 '정신 분산적인' 것임을 역설한 바 있다. 말하자면 "관중은 시험관인데, 정신이 산만한 시험관이다."[3] 1936년 그의 글이 쓰인 이후로 90여 년에 가까운 세월이 흐른 지금 놀랍게도 우리는 벤야민의 이 문장 속에서 우리 자신의 모습을 발견한다. 우리는 어떤 경의도 존중도 없이 손끝으로 이런저런 콘텐츠를 뒤적인다. 이렇듯 정신이 산만한 시험관에게 과연 기대를 걸 수 있을까?

[3] 발터 벤야민, 앞의 책, 146쪽.

강조되어야 할 것은 우리가 더 이상 고립된 자아(solus ipse)가 아니라는 사실이다. 우리는 진공 상태가 아닌 웅성거림 속에 있다. 우리는 지난 시대의 이들과 같이 작품과 단독으로 대면하고 그것에 몰입하여 메시지를 해석하지 않는다. 그러나 우리가 그렇게 하지 않는 것은 콘텐츠가 사방을 둘러싸고 있으며, 사방에서 들려오는 목소리들 속에서 그것과 함께 눈을 뜨고 욕망하며 잠들기 때문이다. 또한 간과하지 말아야 할 것은 우리가 매 순간 염증을 느낀다는 것이다. 자야 할 때를 넘긴 늦은 밤, 불면을 자처하고 채널을 돌리고 또 돌리는 가운데 우리가 느끼는 것은 도무지 우리를 떠나지 않는 지긋지긋함의 감각이다. 이 염증이 증언하는 것은 무엇인가? 그것은 우리에게 천 개의 욕망이 있다는 사실이다. 그리고 우리가 현대의 삶에 관한 이야기를 시작해야 하는 곳은 바로 이 새로운 매체적 현실에서 결코 우리를 떠나지 않는 이 지긋지긋함, 어떤 염증으로부터다.

이솔

핫플레이스의 온도

콘노 유키

콘노 유키　　한국과 일본에서 미술 전시를 보고 글을 쓰는 사람. 그래비티 이펙트(GRAVITY EFFECT) 2019 비평 공모에서 2위를 받았다. 「애프터 10.12」(시청각, 2018) 외 다수를 기획·공동 기획·협력했다. 기획전 「한국화와 동양화와」를 준비해 2022년 5월 일본에서 개최했고 다가오는 여름에 한국으로 돌아올 예정이다.

[주요어] #핫플레이스 #미술전시 #배경
[분류] 미술 > 미술비평

"핫플레이스는 감상자에게
목적 없는 목적지다.
실제로 보고 몸소 경험할 때 발생하는
마찰을 누그러뜨리는, 매끈한 평면 공간.
핫플과 거기에서 촬영한 사진은
'강 건너 불구경' 하기에 적합한 매체다."

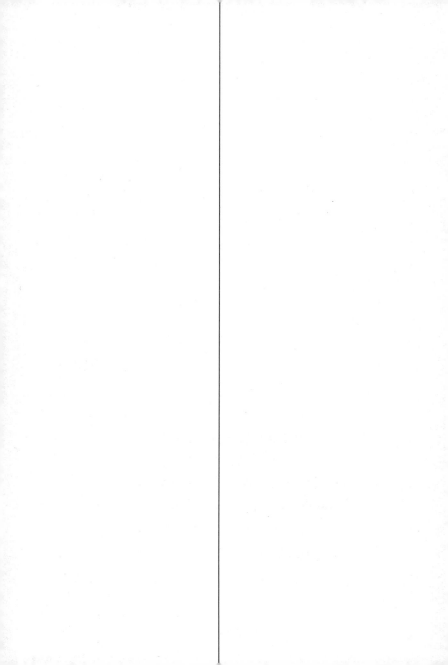

한 장의 사진이 있다. 엄밀히 말하면 하나의 이미지가 있(었)다. 그것은 내가 손에 쥐고 있지도 가지고 있지도 않은 이미지, 이미지에서 (온도 차가 거의 없는 또 다른) 이미지로 스킵하듯이 보고 '넘기는' 이미지, 동시에 심심풀이에 적합한 이미지다.

'핫플레이스'(이하 핫플)가 된 전시 공간에서 찍은 사진을 본다. 한 인물이 미술관으로 보이는 곳에서 큰 작품을 배경으로 나름 멋지게 찍은 숏. 마치 어떤 무대에서처럼 사진 속 인물도 사사로움을 기념하듯 서 있다. 그 아래에는 글 아닌 단어들이 나열되어 있다. #미술, #미술관, #주말나들이, #핫플, #강남핫플 등등.

기념적인 것 묘사하기

이러한 이미지 콘텐츠가 미술 작품을 감상의 대상이 아니라 일종의 소비재로 다룰 때, 그 콘텐츠는 사진 속에 있는 이들의 삶을 '체험'으로 만든다. 생각하고 고민하는 과정이 경험이라면 빠르고 쉽게 보고 넘어가는 체험의 태도는 시간과 공간을 순간적인 것으로 만들어 버린다. 출력되고 간직되는 사진이 아니라 SNS 피드를 보듯 순간적으로 보고 지나가는 이미지는 핫플의 체험 방식을 드러낸다. 체험의 공간, 온순하게 길들여지는 공간에서는 미술 전시의 작품과 보는 이의 삶 또한 콘텐츠가 된다.

기념 행위의 원동력은 순간과 흩어짐 그리고 그 지속 불가능성이다. 쉽게 말하면 무언가를 (곧) 잃어버릴지도 모른다는 감각에 대한 방어기제다. 돌, 나무, 벽돌 등 단단한 재료로 만든 건축이나 구조물이 미래를 보고 있다면, 사진은 '지금 이 순간'에 집중한다. 미래를 약속하는 대신 지금 현재에 집중하는 것 그리고 공유와 확산이라는 형식으로 '흩어짐'에 더 집중하는 것. 그렇다고 이런 차이를 각각 '근대기-건축-미래', '동시대-사진-순간'으로 묶고, 후자야말로 새롭다고 옹호하는 식의 갈라치기를 하는 것은 위험하다. 근대국가가 내세운 이상 못지않게 오늘날의 사진 또한 시공간을 벗어난 곳을 바라보기 때문이다. 전자가 초(超)미래(미래는 곧 오는 것이 아니라 지금을 영원토록 누리는 것이다.)를 지향했다면, 후자는 초과거(어차피 모든 것이 과거로 향할 수밖에 없다면 지금을 영위하자.)를 지향한다. 이처럼 지금의 전후에서 작동하는 움직임은 다른 것처럼 보이나 실상 같은 뿌리에서 시작한다. 이제 앞선 말을 수정하고 싶다. 기념 행위의 원동력은 지금의 간직이다. 스쳐 지나가거나, 영원히 누리고 싶어하거나.[1]

[1]   존 버거는 「사진술의 이용」에서 수전 손택의 『사진론』(1979) 일부를 인용하면서 초기 사진에 내재된 제의적 성격을 논의한다. "사진 촬영이 **제의적 행위에서 즉시적인 것으로 변해 갔다.**"(존 버거) "카메라는 현실을 세분화하여 다루기 쉽게, 그리고 불분명하게 한다. 그것은 상호작용이나 연속성을 부정하고 대신 **각 시간마다 신비성을 부여한다.**"(수전 손택) 존 버거, 『본다는 것의 의미』(1993), 73쪽(강조는 인용자).

신기한 것와 평범한 것이
평평해지는 꽃

지난겨울 남서울미술관에서 열린 전시 「걱정을 멈추고 폭탄을 사랑하기」[2]에 수많은 방문객이 다녀갔다.[3] 옆에서 찰칵찰칵 사진만 찍고 그들은 떠나 버렸다. 좋다, 지금을 간직하는 또 다른 방법일지도 모르기 때문에. 그런 관람 방식은 전시 공간에서의 감상 경험의 층위를 단순화하고 미술관을 체험하듯 걸어 다니는 공간으로 변화시킨다. 미술관이 제시하는 전시 안내문부터 작품의 시각 정보나 청각 정보는 물론 공간이 주는 인상까지, 관객은 그에 대해 모르는 척한다기보다 아예 무관심한 태도를 보인다.[4] 그리고 패션쇼 무대 촬

[2] 기획전 「걱정을 멈추고 폭탄을 사랑하기」(참여 작가: 박아람, 정명우, 정지현, 정희민, 남서울미술관, 2021~2022).
[3] 정확한 숫자를 알려 주는 자료를 발견하지 못했다. 나 또한 경험담과 현장 이미지를 간접적으로 듣고 본 입장에서 민첩하게 강 건너 불구경을 하는 셈이다.
[4] 이 무관심은 군중 속에서 외적 반응 대신 내적 반응을 하면서 태평함을 보이는 '댄디'와도 구분된다.(발터 벤야민, 김영옥·황현산 옮김, 『보들레르의 작품에 나타난 제2제정기의 파리 / 보들레르의 몇 가지 모티프에 관하여 외』(길, 2010), 165~169쪽.

영하듯 어떤 배경을 설정하고 런웨이에서 잠깐 포즈를 취하듯 그 앞에서 사진을 찍고 떠나간다.

혹자는 이렇게 되물을지도 모른다. 색다른 경험을 하러 미술관에 가는 것이 아니냐고. 인파가 몰린 이 전시에서 누군가 찍은 사진만 보면 그렇다. 일상적으로 보기 어려운 구조물이나 독특한 사물이 전시되어 있다. 만국박람회의 전시물과 플라네타륨이 그랬듯 뮤지엄(미술관, 박물관)은 신기한 대상을 선보여 왔다. 고대 유물이나 타국의 문물 등 이 시대에 볼 수 없는 진귀한 물건을 신선하게 보여 주는 공간. '핫플'에서 찍은 사진을 모조리 이런 의미의 과시로 간주할 수도 있다. 전시, 즉 시각적 경험을 제공하는 일은 교육적인 성격을 지닌다. 신문물이나 문명 발달 과정의 소개, 취향 함양 그리고 정치적 방향의 제시까지. 관객이 색다른 경험을 원한다는 가정은 진귀함과 교육을 인증하는 뮤지엄의 성격을 전제한 결과다.

그러나 실상은 그렇게 단순하지 않다. 마찬가지로 많은 사람이 찾은 김보희의 개인전 「투워즈」[5]는 어땠

[5] 김보희 개인전 「투워즈(Towards)」(금호미술관, 2020). 기사에 따르면 주말 오후에는 50~100명이 줄을 서서 평균 30분 정도 기다려

을까? 김보희의 작품은 색다름과 거리가 있어 보인다. 식물이라는 재현 대상은 열대식물원 같은 이국성보다는 보기에 편한 이미지로 나타난다. 보기에 편한 사물과 신기한 사물은 핫플에서 둘 다 사진 속 배경으로 수용된다. 핫플에서 사진을 찍는 행위를 '과시'로 볼 때, 초점은 사진을 믿는 행위와 그 반복에 두어야 한다. 유명 연예인의 경험을 SNS 피드를 채우는 사진을 통해 믿고, 나도 사진으로 남겨 경험을 기록으로 내가/내게 덮어쓰는/씌우는 것. 말하자면 과시는 특정 인물의 경험을 나도 따라해 봤다는 식으로 나타난다. 작품을 과시하는 일과는 다른 것이다.

핫플은 그 공간의 본래적 성격에 뿌리를 두지 않는다. 장소의 빈약함/가난함이나 고급스러움/사치스러움에 구속되지 않는 비(非)장소적인 곳이다. 종종 낙후된 지역을 벽화나 공공 조각물을 통해서 살리려는 태도처럼, 무관심에 관심을, 고립에 인구 유입을, 낡은 것에 활기를 부여하는 통로로 개념적으로 작동할 뿐만 아니라 실제로도 그렇다. '핫하다'라는 수식어와 비슷

야 입장이 가능했다고 한다. 「미술관에서 만난 맑고 평온한 자연⋯⋯김보희 개인전 '인기'」, 《중앙일보》, 2020년 7월 6일 자.

　　　　　　콘노 유키

한 말로 열풍(烈風)이라는 말이 있다. 인기나 주목을 모은다는 의미인데, 넓게 봤을 때 그 의미는 통풍(通風)의 역할을 한다. 핫플은 무관심을 통해서 쾌적함을 향한다.[6] 핫플 사진은 그것이 런웨이처럼 아무것도 거슬리지 않는 매끄러운 것으로 보일 때 전리품 진열과도 구분된다. 과격하거나 놀라운, 황홀경과 같은 장면은 물론 사소한 것까지 귀중히 보일 때, 색다름은 내가 경험하는 순간 속에서 함몰한다. 매 순간 모든 것이 새로워 보이기 시작할 때, 대상의 성격은 물론 공간이 애초에 보유한 성격은 나에게 상관없어진다.

핫플과 그곳에서 찍은 사진 사이에 온도 차는 거의 없다. 둘은 근본적으로 '격리한다'는 공통점을 갖는다. 우리는 핫플과 핫플을 찍은 사진에서 보는 대상과 경험으로부터 격리된다. 과시하거나 현실 그대로를 포착하려는 의도는 수평화되고, 핫플에서 하는 경험은

[6] 렘 콜하스가 『정신착란증의 뉴욕』(1978)과 「정크 스페이스」(2001)에서 마천루나 쇼핑 센터의 중핵으로 본 에어컨은 (위치와 방향 그리고 전체 구조에 얽매이지 않는) 공간적인 통풍은 물론, (다른 기능을 가진 층이나 방의 인접을 허용하는) 개념적인 통풍을 가져다주었다면, 핫플에서 통풍은 공간보다는 소비 주체(감상자, 방문자)와 대상(작품, 전시)에 의해—그들 스스로도—조건 지어진다.

평이해지고 온순해진다. 순간에 몰두하는 일은 장소를 런웨이의 무대로, 배경 화면으로 바꿔 버린다. 참신함/신기함과 평범함이 어우러지는 일시적 공간에서, 모든 것을 무대 배경 삼아 민첩하게 보고 '잘 나오게' 찍는 정면 숏. 그것은 사진 촬영에서 일어나는 작동 방식, 즉 사소한 것의 고양과 충격의 완화를 통해 일어나는 실제의 둔화/온순화의 결과다.[7] 핫플은 감상자에게 목적 없는 목적지, 그러니까 일상을 떠나거나 반대로 내 일상의 모습 그대로를 (유지하여) 보여 주는 공간, 그러나 장소보다는 볼'거리'로 지나가는 일시적 공간이다. 실제로 보고 몸소 경험할 때 발생하는 마찰을 누그러뜨리는, 매끈한 평면 공간. 핫플과 거기에서 촬영한 사진은 '강 건너 불구경' 하기에 적합한 매체다.

[7] 손택이 말하는 형식 기준의 민주주의는 촬영자의 기술적 측면은 물론, 보이는 대상의 평범함(일상적 장면)과 특출함(결정적인 사건)을 모두 단순한 광경(sight)으로 만들어 버린다는 점에도 해당된다.(수전 손택, 『사진론』, 130쪽).

콘노 유키

소재와 네타,
대상과 배경의 재편

핫플에서 찍은 사진을 보면 작품은 대체로 인물의 배경에 자리한다. 그것은 시선의 자리를 여러 개로 분산시키는 설치미술과 달리 노트북이나 스마트폰의 배경 화면처럼 이미 시선과 용도가 설치·설정되어 있다. 설치미술이건 회화건 조각이건 다양한 형식의 작품이 사진에서는 정면을 향하는 이미지가 된다. 작품은 피사체의 촬영지가 되면서 '소재(素材)'로 기능한다. 소재라는 말은 여기에서 작품의 재료나 주제와 달리 어떤 것을 위한 대상, 다른 목적을 위해 동원되는 대상이다. 어떤 쓸모가 부여된 소재는 내용과 형식, 구성물과 틀, 작품과 이를 성립시키는 조건이라는 구도의 전자에만 해당하지 않는다. 어떤 기능을 부여받은 소재에 의해 이 관계가 재편되는 것이라 할 수 있다.

핫플의 배경 또한 마찬가지다. 이때 배경은 중심 대상을 아무 문제 없는, 원래 있는 것으로 보여 주는 장치로 작동한다.(없음의 용도를 가지고, 기능을 지양하는 기능을 한다.) 그것은 마술사의 트릭에 가깝다. 일본어 '네

타(ネタ)'라는 말은 소재나 이야깃거리를 가리키는 동시에 마술의 트릭, 즉 작동 방식을 뜻한다. 마술에서 아무런 이상이 없어 보일 때 그리고 그 마술이 성립될 때, 사실은 그렇게 보이도록 손이 움직이고 있다. 네타가 (뒤에서) 작동할 때 마술과 같은 신기한 일에서만이 아니라 일어나는 일이 아무 이상도 없어 보이게 된다. 이는 누구를 위해 보여 주려는 과시보다 더 내재적으로 작동하는 선동성이다. 이제 아무도 트릭을 궁금해하지 않고 작품의 사회 역사적 배경 또한 궁금해하지 않는다.

처음부터 배경처럼 기능하는 작품은 핫플 사진에서 감지되는 동력, 즉 작품이 소재가 되고 무대 장식처럼 기능하는 방식을 보여 준다. 최윤의 「외(국)미삼면도」(2018)[8]와 김동희의 「프라이머, 오퍼시티」(2018)[9]가 그렇다. 두 작품은 언뜻 보면 아무것도 없어 보인다. 작품은 둘 다 전시를 구성하는 공간의 일부로 보여서 어떤 것이 작품인지 가늠하기 어려울 뿐만 아니라 사진

[8] 기획전 「스테이트-포인트」(기획: 노해나, 참여 작가: 강신대, 김익현, 최윤, 산수문화, 2018).
[9] 광주비엔날레 특별전 「가공할 헛소리」(참여 작가: 김동희, 김실비, 윤지영, 네이버 파트너스퀘어 광주, 2018).

콘노 유키

에 담아도 잘 보이지 않는다. 「외(국)미삼면도」는 전시장 벽과 거의 일체화된 시트지로 구성되어 있다. 서구식 인테리어를 특징짓는 하얀 광택은 같은 전시에 소개된 작가의 「공포(국)가도」(2018), 「공포의」(2018)와 대립하면서 한국과 외국을 형식화한다. 두 작품에서 인테리어에 침투한 한국적 형식(체리색 몰딩, 꽃무늬 벽지, 극세사 이불, 야광별)은 「외(국)미삼면도」의 매끈함을 선망의 결과로 서구적 형식을 성립시킨다.[10]

김동희의 「프라이머, 오퍼시티」를 보면 창문 쪽에 커튼이 달려 있다. 이 커튼이 자동으로 열렸다가 닫히면서 관객은 전시 공간에서 외부를 볼 수 있고, 풍경과 날씨에 따라 전시장이 달라진다. 그런데 커튼의 움직임은 시각적으로만 감상자를 간섭한다. 이 작품은 창을 열면 비가 들어오거나 바람이 들어오는 장치와 달리, 시각 경험에 변화를 주는 배경 역할을 한다. 최윤의 작품에서 꾸밈과 유행의 방식으로 사용된 장식-평면

[10] 작가는 한국적 인테리어에서 감지되는 공포를 지역적 특색으로 회수하지 않고 분리한다. "이 공포의 요소는 종종 패션의 특정 스타일인 것처럼 읽히거나, 맥락에 따라 선망의 대상이 되기도 한다."(작가 홈페이지 소개 글)

그리고 걸어 다니다가 잠깐 멈추고 지나가는 김동희 작품의 공간은 핫플과 그곳에서 촬영하는 행위의 동력을 다시금 깨닫게 한다. 소재로 다루어진 배경의 기능성, 시각의 무관심함과 쾌적함.

　　이미혜의 작품 「국민취향 세트장」(2017)[11]에서 재현 대상은 비록 전자 가전이나 가구 같은 상품이지만, 오늘날 핫플에서 촬영되는 사진의 성격을 보여 준다. 작가는 '잘 나온' 사진을 붙인 우드락을 세워 놓음으로써 어느 가정집이라는 무대를 만들고, 세팅된 무대를 보임으로써 가구를 비롯한 주변 사물들 또한 취향을 설정할 수 있다는 점을 드러낸다. 작품에서 강조된 정면성은 그 뒷면을 통해 그것이 가설(假設)되어 있다는 사실을 밝히고, 전시장은 실제 사물들이 구경거리, 볼거리, 이야깃거리, 즉 소재로 향유되고 소비되는 방식을 드러내는 곳이 된다. 네타바라시(ネタばらし)는 마술의 트릭과 같은 작동 원리를 드러내는 것 그리고 소재를 파편화하는 것을 뜻한다. 그렇다면 이미혜의 작품은 실제 사물이 향유되고 삶에서 소비되는 방식을

[11]　이미혜 개인전, 「국민취향」(스페이스 윌링앤딜링, 2017~2018).

'네타바라시' 함으로써 보여 준다.

핫플레이스를 감도는 미지근함

하나의 사진에서 출발해 살펴본 오늘날의 콘텐츠는 단
순히 동영상 공유 플랫폼이나 크롭 된 이미지처럼 명
확히 가리킬 수 있는 대상에 국한되지 않고, 배경으로
도 존재한다. 배경은 대상(피사체)을 위해 설정할 수 있
는 무대로 기능한다. 대상과 배경의 관계는 전자가 있
음으로 해서 후자가 자연스럽게 후퇴해 초점이 나가는
것과 다르다. 여기에서는 자발적인 후퇴를 통해 평범
한 일이건 놀라운 광경이건 무엇이든지 자연스럽고 다
루기 쉬운 것으로 만들어진다. 더불어 대상(사진 속에서
포즈를 취하는 사람과 작품 둘 다에 해당하는 피사체)은 배
경의 본래 (무)조건성을 전유하면서, 사진 속에서 그리
고 전시장에서 무관심한 태도를 취한다. 앞서 본 사진
의 장면, 곧 풍경을 풍경으로 만드는 것은 무관심으로
의 자발적인 후퇴, 배경을 편안함으로 받아들이는 태
도다.

　한 유행가는 "따스함에 둘러싸인다면, 분명 눈에

비치는 모든 것은 메시지."[12]라고 노래한다. 배경으로 후퇴한 작품, 그 앞에서 포즈를 취하는 사람, 이들이 포착된 사진. 과시나 선동성 대신 메시지(message)가 없다는 의미인 '마사지(massage)'[13] ─누그러뜨림, 완화, 통풍─는 작품과 나를 몰역사적인 순간(들)의 병렬로 만든다. 적어도 핫플은 '쿨한' 플레이스와 대립하지 않는 수평적인 관계로, 미지근한 대기 속에 우리를 있게 한다.

[12] 마츠토야 유미, 「따스함에 둘러싸인다면」(1974).
[13] 마셜 맥루언, 김진홍 옮김, 『미디어는 마사지다』(커뮤니케이션북스, 2001).

콘노 유키

귀여움이 열어젖히는 세계

김윤정

김윤정　　　덕성여대에서 문화인류학과 철학을 공부했고, 서울대에서
「시청자를 넘어 '랜선집사' 되기」로 인류학 석사 학위를 받았다. 논문
으로 「Virtual animal lovers in South Korea: Lan-cable
butlers, their practices, and affective networks」가 있
다. 한국의 미디어 사용에서 나타나는 젠더, 인간-비인간 동물 관계 그
리고 사랑과 소통의 문제에 관심을 가지고 연구하고 있다.

[주요어] #펫튜브 #귀여움 #랜선집사
[분류] 인류학 > 문화인류학

"귀여움은 강력한 느낌이다.
'귀엽다'고 느끼게 되었을 때
내가 그와 맺고 있는
관계의 형태는 달라진다.
귀여움은 무관심이란 벽으로
분리되어 있던 세계 사이에
균열을 낸다."

"대부분의 고양이는 야옹하고 우는 게 아니잖아, 야통이는 이얏호옹하고 울어. 그래서 야통이가 됐어."

인기 동물 유튜브 채널 '하하하'에 등장하는 고양이 '야통이'의 울음소리를 묘사하는 연구 참여자 하진의 눈이 반짝거렸다.

"야통이를 부르면 애가 오는데, 몇 걸음 오다가 털썩 누워. 자기 만져 달라고. 그래서 공갈 협박 고양이라는 별명도 있어."

한 번도 만난 적 없는 고양이지만 하진은 야통이에 대해 큰 애정을 보인다. 그는 1년 넘게 '하하하' 영상을 주기적으로 시청하며 야통이에 대한 사랑을 키워 가고 있다.

나는 앞선 연구에서 하진을 비롯한 한국의 청년 랜선집사들이 동물 콘텐츠를 시청하면서 "공존을 통해 생존"을 고민하는 세대가 되고 있다고 주장했다.[1] 지속적인 동물 콘텐츠 시청은 자신이 좋아하는 동물이 살아가는 환경 및 콘텐츠의 윤리성에 대한 고민으로 이어지면서 다양한 실천을 만들어 내고 있었다. 그런데 동물 콘텐츠를 시청하는 이유를 처음 물었을 때 그들의 대답은 단순했다.

"귀여우니까."

귀여움에 대해 사유하기

'귀엽다'라는 말은 일상적으로 사용된다. 개나 고양이처럼 흔히 접하는 반려동물에서 화내는 유황앵무와 로봇 개 아이보까지 귀엽다고 여겨진다. 도대체 귀여움은 뭘까? '귀여움'에 대해 사유하는 것은 무슨 의미일까?

조슈아 폴 데일을 비롯해 귀여움을 연구한 학자들

[1] 김윤정, 「시청자를 넘어 '랜선집사' 되기: 동물 콘텐츠를 보는 한국 청년들의 실천과 정동, 그리고 인간 동물 관계의 변화」, 서울대학교 인류학과 석사학위논문(2022).

은 귀여움이 이 말을 쓰는 사용자의 문화, 언어, 의사소통 방식 그리고 사회적인 이상을 담고 있다며 단순히 미적인 요소로 환원되지 않는 사회·문화적 측면을 짚는다.[2] 게리 셔먼과 조너선 하이트는 귀여움을 귀여운 대상과 상호 작용 하는 사회적 연결을 추동하는 감정으로 분석했다. 귀여움의 대상과 적극적으로 연결되고자 하는 마음은 대상을 하나의 독립적인 존재로 인식하고 도덕적인 고려의 대상(moral circle)에 포함하도록 이끈다는 것이다.[3]

　한국에서 귀여움은 권력과 결부된 감정으로 분석되었다. 김홍중은 '귀여워하는' 존재인 강자의 상징적, 물질적 권력에 의해 정복된 것들이 귀여움의 대상이 된다고 설명하며 귀여움이라는 감정에 담긴 극복할 수 없는 힘의 불균형을 강조했다.[4] 권유리야는 여성

[2]　Dale, Joshua Paul et al., *The Aesthetics and Affects of Cuteness*(Routledge, 2016).
[3]　Sherman, Gary D. & Haidt, Jonathan, "Cuteness and Disgust: The Humanizing and Dehumanizing Effects of Emotion." *Emotion Review*(3)(2011), pp. 245~251.
[4]　김홍중, 「삶의 동물/속물화와 참을 수 없는 존재의 귀여움」,《사회비평》36(2007), pp. 76~96.

아이돌의 귀여움 수행이나 귀여운 동물에 대한 열광을 분석하며 한국 사회에서 귀여움이 기형을 대중적으로 향유하는 방식으로 드러난다고 비판했다.[5] 한편 '베어 커버 댄스 팀'의 걸 그룹 댄스를 분석한 김경태는 귀여움이 촉발하는 반응인 돌봄이 관계를 작동시키는 친밀성의 보편적 근간이 된다고 주장한다. 이러한 분석에서 귀여움은 상대적으로 우위에 있는 존재가 베푸는 것인 돌봄과 단단히 연결되어 있다.[6]

나는 귀여움을 권력관계나 돌봄의 맥락에서 파악하는 기존의 분석이 그 감정이 만들어 내는 일상적인 균열과 가능성을 보지 못하게 한다고 생각한다. 귀여움은 강력한 느낌이다. '귀엽다'고 느끼게 되었을 때 내가 그와 맺고 있는 관계의 형태는 달라진다. 귀여움은 무관심의 벽으로 분리되어 있던 세계에 균열을 낸다. 특정한 대상에게 느끼는 복합적인 감정을 전부 언어화할 수 없을 때 사용하는 '귀엽다'는 가볍게 취급하기엔

[5] 권유리야, 「귀여움과 장애, 기형적인 것의 향유」, 《한국문학논총》 79(1)(2018), 35~66쪽.
[6] 김경태, 「돌보는 귀여움: 서투르지만 귀여운 베어 커버 댄스와 퀴어 친밀성」, 《여성문학연구》 0(50)(2020), 115~141쪽.

김윤정

농도가 짙다. 광범위한 대상에 적용되는 '귀여움'은 타인이 애착을 가지는 대상에 대해서도 성급한 가치 판단을 내리는 대신 어떤 매력을 느낀 것인지 관심을 갖게 한다. "귀여워라는 말이 나온 순간 빼도박도 못하는 거지. 그 순간 아, 나 망했구나, 인생 저당 잡혔구나 싶은 거지." 하진의 설명은 귀여움이 만들어 낸 균열이 그의 삶에 미치는 영향을 드러낸다.

「은서 동물농장」에서 펫튜브까지

동물을 '귀엽다'고 묘사하기 시작한 것은 최근의 일이다. 애팔래치안 트레일 등산객들이 야생 동물을 마주했을 때의 반응을 분석한 인류학자 케이트 막스는 1948년부터 2000년대 초의 여행기에는 '귀여움'에 대한 묘사가 단 한 번도 등장하지 않지만, 요즘 등산객들의 여행기에는 '귀엽다'는 반응이 지배적임을 발견했다.[7] 어느 순간부터 동물을 보고 귀엽다고 느끼게 되

[7]   Marx, Kate, ""He's so Fluffy I'm Gonna Die!" Cute Responses by Hikers to Autonomous Animals on the Appalachian Trail," *Anthrozoös* 32(1)(2019), pp. 89~101.

었는지 특정할 수는 없지만 인식의 변화에 동물 콘텐츠가 중요한 역할을 했음은 분명하다.

한국에서 동물 시청이 본격적으로 시작된 건 1970년대다. 세계적인 동물 다큐멘터리 인기에 발맞추어 이 무렵부터 동물 다큐멘터리가 수입되었다. 2001년 등장한 「TV 동물농장」은 한국에서 살아가는 동물들의 삶과 그들이 인간과 맺는 관계에 초점을 두며 대표적인 동물 콘텐츠로 자리 잡았다. 특히 문제 상황에 처한 유기동물을 구조하거나 동물원에 살고 있는 하마, 사자 등 야생동물의 이야기를 소개해 국내 시청자들이 동물을 친숙하게 느끼도록 했다. 「TV 동물농장」이 대표적인 장수 프로그램이 된 가운데 2015년 등장한 「세상에 나쁜 개는 없다(이하 「세나개」)」는 반려동물과 보호자의 행동 교정에 집중하기 시작했다. 인간이 동물을 대하는 데에는 정확한 방식이 있고, 함께 살아가기 위해서는 인간이 변화해야 한다는 것이 이런 교정 프로그램의 핵심이다. 전문가의 조언을 받아들이면 금세 변화하는 동물의 모습은 반려동물이 소통 가능한 존재라는 인식을 퍼지게 했다.

이렇게 야생동물에서 동물원, 한 가정으로 축소

김윤정

되는 동물 콘텐츠의 초점은 2017년 '펫튜브'가 등장하면서 인간과 동물이 함께하는 일상을 드러내고 동물의 귀여움을 강조하는 방향으로 옮겨졌다. 펫튜브란 주로 수의사나 사육사가 아닌 비전문가들이 자신의 반려동물의 일상을 담아 영상 플랫폼 유튜브에 올리는 콘텐츠를 의미한다. 이때 영상에 등장하는 동물은 덩치 큰 야생동물이 아니라 집 안에서 기를 수 있는 소동물이 주를 이루지만, 점점 더 넓은 종의 동물이 귀여움의 대상이 되고 있음은 분명하다. 빈시안 데프렛은 아마추어들이 만드는 영상에서 동물이 인간과 분리된 과학적 탐구의 대상이 아니라 인간 일상의 일부이자 주인공으로 묘사되고 있다고 설명했다.[8] 여러 동물의 이야기를 옴니버스 형식으로 다루는 「TV 동물농장」이나 「세나개」와 달리 펫튜브에서는 한 동물의 일상이 꾸준히 비춰지므로 특정 동물에 대한 애착을 오랜 기간 키워나갈 수 있다.

채널 '이웃집의 백호'의 애청자인 정은은 백호의

[8]　Despret, Vinciane, *What would animals say if we asked the right questions?*(University of Minnesota Press, 2016), p. 198.

반려인이 출시하는 굿즈를 구매하고 백호의 영상과 인스타그램에 꾸준히 댓글을 달며 반려인이 진행하는 기부 이벤트에도 참여하는 랜선집사다. 백호가 유튜브에서 인기를 얻기 전부터 백호의 트위터 계정 팔로워였던 정은은 자부심이 남다르다. 백호의 반려인은 구독자의 요청에 따라 백호가 흘린 털을 굿즈와 함께 보내주기도 했는데, 정은은 봉지에 담긴 털을 소중히 들고 사진을 찍어서 내게 자랑했다. 반려 관계가 아니더라도 계속해서 한 동물의 성장 과정을 지켜보고 마주치기에, 펫튜브가 시청자에게 남기는 흔적은 「TV 동물농장」보다 거대하다.

귀여움이 동반하는 셰함

랜선집사들은 동물 콘텐츠를 시청하며 일상을 지탱하는 힘을 얻고 있다. 귀여운 동물 콘텐츠가 노동자의 스트레스를 유발하는 환경을 비가시화하며 일시적인 안도감만을 준다는 앨리슨 페이지의 지적처럼[9] 실제로

[9]   Page, Allison, "This Baby Sloth Will Inspire You to Keep Going: Capital, Labor, and the Affective Power of

동물 콘텐츠 시청자들은 "일상에서 화를 누그러뜨리기 위해", "인간 관계에 회의감이 들 때" 귀여운 동물 콘텐츠를 시청한다고 설명했다. 하지만 이들은 단순히 귀여움을 느끼기 위해서만 콘텐츠를 본다거나 콘텐츠 시청이 동물의 귀여움을 '소비'하는 일이라는 해석에 대해서는 극렬한 거부감을 보였다.

　　무언가를 소비한다는 말은 자신의 욕구를 만족시키기 위해 구매하고 사용한 후 소진해 버린다는 비판적인 맥락에서 쓰인다. 동물 콘텐츠를 '소비'할 경우 동물은 인간이 귀여움을 느끼거나 이익을 얻기 위해 착취하는 존재가 된다. 전의령은 반려인의 일상과 반려문화가 미디어와 시장에 의해 구성됨에 주목했는데,[10] 랜선집사들의 콘텐츠 시청 역시 이윤을 추구하는 자본의 논리에서 자유롭지 않다. 유명 동물 콘텐츠의 제작자들은 다중 채널 네트워크[11]에 소속되어 업

Cute Animal Videos", *The Aesthetics and Affects of Cuteness*(Routledge, 2017), pp. 85~104.

[10]　전의령, 「"나만 없어, 반려동물"」,《한편》4호 '동물'(2021).

[11]　다중 채널 네트워크. 여러 유튜브 채널이 제휴해 구성한 MCN은 제품 및 프로그램 기획, 결제, 교차 프로모션, 파트너 관리, 디지털 저작권 관리, 수익 창출, 잠재 고객 개발 등의 영역에서 콘텐츠 제작자를 지원

로드하는 콘텐츠와 소셜 네트워크 계정 그리고 이에 따르는 수익을 관리받는 경우가 많다. 콘텐츠의 조회 수와 구독자 수는 유튜버의 수익과 연결되기에, 랜선집사들은 콘텐츠 제작자가 이익을 위해 동물을 이용하고 있을지도 모른다는 두려움을 품고 있다.

랜선집사들은 동물의 귀여움에 대해 이야기하다가 자신이 시청하는 채널이 수익을 기부하고 있다거나 동물을 구매한 것이 아니라 입양했다는 설명을 덧붙였다. 콘텐츠 제작과 시청에 불안이 따르기에 이들이 느끼는 동물의 귀여움에는 '쎄함(무언가 이상하다는 직감을 표현하는 말)'이 동반된다. 이들은 쎄함을 느끼는 즉시 재생을 멈추고 댓글을 확인한 후 의문을 제기하는데, 이는 장기간 해당 동물을 지켜봤기에 가능하다. 랜선집사들은 후원금을 동물에게 주는 '용돈'이라고 부르며 동물을 위해 쓰길 요청하고, 스스로 '랜선이모/삼촌'라고 칭하며 '가족'으로서 콘텐츠의 윤리성에 개입할 정당성을 확보한다.

댓글과 메시지로 이루어지는 직접적인 피드백은

하는 역할을 한다. [네이버 지식백과] "MCN(다중 채널 네트워크)", 권혜미, 용어로 보는 IT.

김윤정

제작자에게 영향을 주며 동물이 어떻게 재현되어야 하는지에 대한 기준을 변화시킨다. 최근 인기 있는 외모를 가진 품종 동물을 펫 숍에서 구매하는 것에 대한 불편함을 표출하는 댓글이 늘어났다. 이에 따라 점점 많은 채널이 귀여운 외모 때문에 동물을 입양해서는 안 된다는 문구를 게시하고, 이익을 얻기 위해 동물을 이용하지 않는다는 점을 증명하기 위해 콘텐츠 제작으로 얻은 수익을 기부한다. 이처럼 시청자들이 던지는 의심과 이들이 만드는 윤리적인 기준은 콘텐츠가 귀여움을 보여 주는 방식에 영향을 미친다. 쎄함을 동반하는 귀여움은 단순히 대리만족에 그치지 않고 콘텐츠의 윤리에 대해 고민하는 주체를 탄생시킨다.

무관심을 넘어 공존으로

귀여움의 힘은 나도 모르는 사이 삶 전반에 스며든다. "오늘 연습하는데 악기에서 고슴도치 똥 싸는 소리가 났어!"라고 절규하는 민지는 우크라이나의 귀여운 고슴도치 '릭'을 사랑하는 랜선집사다. 영상을 너무 많이 본 나머지 악기에서 고슴도치 소리가 들린다는 민지의 사례는 릭에 대한 애정이 그의 일상에 스며들어 있음을 보여 준다. 2022년 2월 24일 러시아가 우크라이나를 침공했을 때 릭의 존재는 민지에게 7000킬로미터 떨어진 곳에서 발생한 전쟁을 피부로 와닿게 했다. 인스타그램 계정을 확인하던 민지는 릭이 안전하게 대피했다는 것을 알게 되자 그제야 안도의 한숨을 내쉬었다.

랜선집사인 클레어의 아버지는 10여 년 전 가족이 기르던 햄스터가 아팠을 때 방치했다. 소동물을 병원에 데려가는 것을 이해하지 못했기 때문이다. 하지만 클레어를 비롯한 가족들이 동물 콘텐츠를 시청하면서 아버지 역시 동물 콘텐츠를 보게 되었고, 길고양이에 대한 태도가 변하기 시작했다. 아버지는 이제 집에 찾아오는 길고양이들의 밥을 챙겨 주고, 자주 보이는 고양이들의 특징과 성격, 선호하는 음식까지 파악하고 있다. 또 다른 랜선집사 희원은 이제 뱀식이라는 이름을 가진 한 뱀의 어엿한 집사가 됐다. 그동안 동물 콘텐츠의 윤리성에 대해 많은 고민을 했던 희원은 뱀을 구입하지 않고 유기될 위기에 처한 뱀식이를 입양했다. 희원이 뱀식이의 세계를 구한 것처럼, 뱀식이도 희원이 매일 버텨 나갈 힘을 주고 있다.

김윤정

「TV 동물농장」은 인간의 시각으로 동물의 행동을 해석하면서 서사를 부여했고, 「세나개」는 전문가를 앞세워 인간과 동물의 행동을 교정할 수 있다는 생각을 주입한다. 한편 유튜브 채널 '하하하'의 운영자는 고양이들의 행동을 규정하기에 앞서 서로의 반응을 탐색하며 맞춰 나간다. 관계의 변화에 개입하는 랜선집사가 된다는 것은 마음 한편에 동물의 자리를 만들어 놓는 일이다. 이는 동물을 대하는 나와 내 주변인의 방식을 달라지게 한다.

도시에 밀집해서 사는 주거 환경의 특성상 반려동물 외의 동물과 마주할 일이 드문 21세기 한국에서 동물 콘텐츠는 동물에 대한 사람들의 인식을 구성하는 가장 중요한 매개다. 콘텐츠는 동물을 '귀엽다'고 인식하도록 만들어 물리적인 접촉 없이도 애착을 갖는 일을 자연스럽게 만들었다. 동물 콘텐츠를 통해 전달되는 귀여움의 감각은 무관심의 벽을 부수고 나의 세계와 동물의 세계를 연결한다. 그 결과 두 세계 모두 변화한다. 그렇게 공존이 시작된다.

아이돌 팬이라는 콘텐츠

신윤희

신윤희 대중문화 연구가. 3세대 팬덤을 다룬 연구로 서강대 신문방송학과에서 석사학위를 받았다. 저서로 『팬덤 3.0』과 함께 쓴 책 『페미돌로지』가 있다. 기술이 발전하고 사회가 변함에 따라 팬덤이 어떻게 달라지는지 연구한다. 동시대 사람들의 취향과 문화에 관심을 갖고 있다.

[주요어] #아이돌팬덤 #팬더스트리 #문화구성체
[분류] 신문방송학 > 대중문화연구

"나는 팬덤에 매료되고
그 문화적 가능성에
가슴 설레면서도
팬덤의 한계를 느끼거나
팬덤이 잘못 이야기될 때의
좌절 사이에서 연구한다."

연구의 시작이 되는 장면들이 있다. 첫 번째 책 『팬덤 3.0』의 장면 중 하나는 트위터에 올라온 글이었다. 방탄소년단의 팬클럽 '아미'와 워너원의 팬클럽 '워너블'을 합성한 조어 '아미블'은 명명 자체로도 새로웠는데, 이 조어는 자신의 취향과 '겹덕(두 그룹 이상의 아이돌을 동시에 좋아하는 것)'이라는 팬 정체성을 드러내는 데 두루 쓰이고 있었다. 이 현상은 하나의 팬 대상에게 배타적인 충성과 애정을 보이던 과거의 팬덤과는 다른 면면을 보여 주고 있다는 생각이 들었다.[1]

[1] 스타를 무조건적으로 추종하던 1세대 팬덤, 만들어진 스타를 중첩적으로 향유하고 '소비자(고객)'의 권리를 요구하던 2세대 팬덤을 지나 '3세대 팬덤'은 자신을 기획자로 위치 지으며 스타의 탄생을 직접 기획

그 글을 발견했을 당시 나는 워너원의 팬이었다. 팬이자 연구자로서 팬덤 영토에 상주하는 일상은 위와 같은 상징적인 장면을 포착하고 현상의 의미에 대해 질문하기에 유리하다. 특히 "내부자 목소리를 이야기함으로써 팬이 잘못된 방식으로 묘사되거나 연구 이론에 팬들을 끼워 맞춰서 설명할 위험을 줄이는"[2] 강점을 갖는다.

그러나 장면들이 항상 아름답기만 한 것은 아니다. 2021년 1월 코미디언 강유미는 자신의 유튜브 채널에 「VIDEOCALL with 영통팬싸 후기」라는 제목의 콘텐츠를 올렸다. 누적 조회 수 335만 회에 댓글 수만 1.5만 개(2022년 4월 말 기준)를 훌쩍 넘는 이 콘텐츠는 '과도한 요구를 하는 팬'과 '시종일관 성의 없는 태도를 보이는 아이돌'이라는 풍자 키워드로 화제가 됐다. 팬

하고 양육한다. 「프로듀스 101」과 같은 육성형 아이돌 오디션 프로그램을 통해 아직 제작되지 않은 아이돌 그룹을 직접 기획하고 홍보하며 키워 낸 참여 경험이 팬들의 개입을 가능하게 한다. '국민 프로듀서'라는 호명은 팬덤을 기획자이자 유통가, 전략가, 홍보가, 평론가 등으로 존재하게 했다. 2세대 팬덤에 대한 논의는 정민우·이나영, 「스타를 관리하는 팬덤, 팬덤을 관리하는 산업: '2세대' 아이돌 팬덤의 문화 실천의 특징 및 함의」, 《미디어, 젠더 & 문화》 제12호(2009년 10월호).

[2] 마크 더핏, 김수정 옮김, 『팬덤 이해하기』(한울, 2016), 375쪽.

신윤희

사인회에 오기 위해 "집을 팔았다."라고 말하는 팬은 점점 무리한 요구를 하고, 팬이 건네는 진심 어린 응원에도 초점 없는 눈으로 "아 진짜요?"로만 답하는 무관심한 가상 아이돌 '강민'의 역할극은 팬과 스타의 관계에 대해 질문을 던지게 한다.

팬덤의 새로운 맥락

댓글 반응을 보면 영통팬싸 역할극은 팬과 스타 모두를 풍자하는 데 성공한 듯 보인다. 웹상에서 일어나는 치열한 갑론을박을 지켜보던 한 팬은 경험담과 함께 자신의 생각을 이렇게 이야기했다.

> (아이돌의 성의 없는 태도가) 직무 유기라고 생각하면서도 이해도 되는 게, 팬 사인회 때 아이돌들이 휴대폰 하나 가지고 스태프랑 같이 돌아요. 스태프가 다 앞에 있는데 (팬이) 애교 같은 거 해 달라고 하면 얼마나 부끄럽겠어요. 원래 (대면) 팬 사인회 때는 팬들이 쫘라락 있고, 어차피 다 팬이고, 그 팬이 일대일로 나랑 마주 보고 있는 건데 (온라인은) 나의 팬도 아닌

일반 스태프들이 앞에서 핸드폰 들고 있고…… 아이돌 입장에서는 어려울 수 있죠. 하지만 절대 팬들이 엄청 무리한 요구를 하지는 않아요. 진짜 딱 그 자리에서 할 수 있는 것들로 요청하는 편이고…….[3]

영통팬싸 즉 영상통화 팬 사인회란 앨범 발매 시 구매자 추첨을 통해 개최하던 팬 사인회를 비대면 영상통화로 하는 것이다. 여기에는 팬데믹이라는 외적 요인에 따라 팬 활동의 문화적 영토가 모두 온라인 플랫폼으로 전환된 맥락이 있다. 팬덤 영토가 온라인으로 전환되면서 플랫폼은 팬 활동을 매개하고, 플랫폼 기반의 커뮤니케이션에서 감각은 시청각의 소통으로 제한된다. 이러한 매체 환경 변화에 3세대 팬덤[4]의 특징이 더해졌다는 역사적 맥락을 함께 이해하면 팬덤

[3] 2021년 2월 「코로나19 이후의 팬덤」 연구 당시에 진행된 인터뷰.
[4] 팬덤은 과거에 비해 양적으로 확장한 동시에 주체성과 기획 능력을 갖게 되었다. 이는 팬과 스타의 관계를 새롭게 형성한다. 팬덤은 이전보다 스타와 쌍방향 소통에 가까워지고 있으며, 애정을 기반으로 스타를 지지하고 응원하면서도 서로에 대한 존중과 피드백을 요구한다. 스타 역시 팬을 "수평적인 관계"나 "친구" 혹은 "자신들 또한 팬덤의 팬이다." 라고 표현하는 일이 많아졌다. 이러한 변화는 팬과 스타의 상호작용에서 관계성, 진정성 등이 중요해졌음을 보여 준다.

현상을 복합적으로 살펴볼 수 있다.[5]

　　팬과 스타가 일대일로 만나는 대면 팬 사인회는 그 순간, 그 공간에 참여하고 있는 팬과 스타 둘에게만 공유되는 이벤트다.[6] 휘발되어 사라지는 경험은 개인에게만 추억으로 남거나 팬과 팬 사이에서 구전으로 공유된다. 그러나 코로나19 이후 모든 소통이 모니터 속으로 들어가 버리면서 스타의 물질성과 아우라는 상실되고 변형되었다. 이에 무력감을 느끼는 팬들도 있는데, 감각의 한계에도 끊임없이 소통하려 노력하는 스타의 '진정성'이 팬을 움직인다.[7]

　　한편 온라인으로 전환된 소통은 디지털 데이터로

---

[5]　팬덤은 기술과 사회의 변화에 따라 특정하게 구성되는 '문화구성체(cultural formation)'로 바라볼 수 있다. 유기적으로 구성된 팬덤은 내적 요인과 외적 요인의 상호작용을 통해 변화한다. 팬덤은 구성 주체, 스타와의 관계, 소비 방식, 집단적인 팬 실천, 대안적인 사회 공동체 등의 내재적 요소와 디지털 미디어, 아이돌을 둘러싼 산업과 같은 외재적 요소로 구성된다. 신윤희, 『팬덤 3.0』(스리체어스, 2019), 16~25쪽 참조.

[6]　신윤희, 「코로나19 이후의 팬덤」, 『페미돌로지』(빨간소금, 2022), 300~329쪽.

[7]　팬들은 유일한 소통 창구인 온라인 소통에 집중하게 되고, 이를 기술적으로 구현하기 위한 산업의 움직임과 스타의 진정성 등이 비대면 시대의 팬 활동 동력이 된다.

남아 반영구적으로 보존될 수 있다는 특징이 있다. 팬은 영상통화의 순간을 추억하기 위해 녹화본을 남기기도 하는데, 이때 일회적 순간이 매체를 통해 물화되어 (materialize) 복제와 전시가 가능한 데이터로 전환된다. 이 데이터는 새로운 팬 유입을 위한 홍보 수단이 되며, 팬들의 치열한 토론을 유발하는 실마리를 제공하기도 한다. '강민 ASMR' 영상은 소통이 부족하고 팬과 스타 사이의 유대감이 결여된, 즉 진정성을 보이지 않는 장면을 연출했기에 팬들의 공감을 얻었다. 결국 '강민 ASMR'은 팬과 스타 서로 간의 존중에 대한 이야기다.

주목할 점은 3세대 팬덤이 각자 사안을 해석하고 다른 팬과 토론하며 빠르게 대응한다는 것이다. 팬과 스타 사이의 인간적 관계의 형성과 교류가 중요해진 현시점에서 둘 사이에는 다양한 사건이 발생할 수 있다. 인간관계가 늘 그렇듯 장면들이 아름다운 것만도 아니다. 하지만 팬덤에는 건강한 소통 방식을 찾아가려는 열망이 있다. 영상의 댓글에서 이뤄진 팬과 스타가 서로를 존중하는 방식에 대한 다양한 토론이 바로 그 예시다. 3세대 팬덤은 내부에서 논란이 생겼을 때에도 마찬가지로 각자 중요하게 생각하는 가치를 소비한다.

신윤희

문화산업의 한 축인 팬덤

이제 팬덤은 단순한 문화 현상을 넘어 경제의 한 축이 되었다. '팬덤 이코노미', '팬더스트리(Fan+Industry)' 등의 신조어에서 보듯 팬은 경제 뉴스거리이자 콘텐츠가 되었다. 팬덤의 자발적인 홍보 활동은 '팬 경영(fanagement, 팬에 초점을 맞춘 온라인 마케팅)'[8]에 적극적으로 활용되기도 한다. 팬덤을 바라보는 시각에는 분명한 변화가 생겼다. 방송사, 엔터테인먼트 산업과 어깨를 나란히 하며 힘을 행사하는 팬덤의 모습은 낯설지 않다. 팬덤이 영향력을 보일수록 산업은 팬에게 역할을 부여하거나 그 역할을 효과적으로 해낼 수 있도록 팬덤을 모으는 방식을 고민해 왔다. 케이팝이 세계로 무대를 넓히며 구성 주체가 해외로 확장하자 글로벌 커뮤니티를 지향하는 팬덤 플랫폼[9]까지 탄생했다.

[8] 마크 더핏, 앞의 책, 41쪽.
[9] 대표적으로 리슨(LYSN), 위버스(Weverse), 유니버스(UNIVERSE)가 있다. 리슨은 SM 엔터테인먼트의 자회사 디어유(DearU)에서, 위버스는 하이브(HYBE)의 자회사 비엔엑스(beNX)에서, 유니버스는 게임사 엔씨소프트에서 출시한 팬 커뮤니티 플랫폼이다. 아티스트가 팬과 일대일 대화를 나누거나 게시물을 올려 소통할 수 있다. 단독 콘텐츠나 멤버십 전용 콘텐츠

팬덤은 아이돌을 둘러싼 미디어, 엔터테인먼트사와 더불어 하나의 큰 권력 축으로 인식될 만큼 영향력을 행사하게 되었다. 이렇게 적극적인 팬덤의 참여 모델이 거시적으로 보면 자본주의에 포섭되어 산업과 공모하는 것으로 비칠 수 있다. 하지만 빈 공간을 채워 넣으려는 팬들의 참여 의도와 실천 때문에 팬덤에게는 가능성이 있다. 팬은 콘텐츠를 가장 적극적으로 해석하고, 각자의 경험에 맞게 변형시키며 확장해 가는 수용자다. 팬들은 각자 다양하고 복합적인 팬 실천을 보이는 동시에 집단적인 팬 문화를 형성한다. 비정규직 노동권에 대한 목소리를 낸 JBJ 팬덤과 팬데믹으로 아시아인 혐오가 불거졌을 때 인종차별 문제에 목소리를 더한 방탄소년단 팬덤에서 보듯, 팬덤은 대안적인 사회 공동체를 상상하며 사회운동의 전초지가 되기도 한다. 팬덤은 개인적이면서도 사회적인 정체성의 표현인 것이다.

부터 온라인 공연, 온라인 팬미팅 등의 온택트 서비스, 굿즈 판매와 같은 커머스 서비스까지 아우른다.

신윤희

친절함으로 연결되는
취향 공동체

팬덤은 기술을 (재)전유하고 능동적인 팬 활동 방식을 고민한다. 플랫폼으로 영토가 이동하며 디지털 데이터가 폭발적으로 급증한 환경에서 콘텐츠를 선별, 추천, 재구성하거나 정보를 정리해 주는 팬들이 늘어났다. 데이터를 모으고 목적에 따라 분류, 배포하는 팬들의 큐레이션 행위는 코로나 국면 이후 일상적으로 수행되고 있다.[10] 유튜브 같은 동영상 플랫폼에 목적에 맞게 분류하고 묶은 플레이리스트나 무대 모음집 영상, 곡의 분위기나 자작곡 여부를 기준으로 스타의 모든 발표곡을 정리한 '한눈에 보는 노래 추천 표', 새로 유입된 팬들을 위해 콘텐츠를 분류하고 정리해 놓은 '입덕 가이드', 핵심 정보나 유머, 멤버 관계성 등을 요약해 재편집한 '숏폼 콘텐츠' 등 팬들은 다른 팬들이 제공하는 맞춤형 콘텐츠를 추천받는다.

　　팬덤이 취향을 중심으로 모인 공동체인 만큼 팬

---

[10]　신윤희, 앞의 글, 323~326쪽.

큐레이션의 추천은 컴퓨터 프로그램이 제공하는 알고리즘보다 정확하고 친절한 면이 있다. 단순히 해당 영상을 볼지 말지를 고르는 게 아니라, 관심 주제나 원하는 정보에 접근할 선택의 여지를 적극적으로 제공한다는 점에서 그렇다. 특히 '큐레이터 팬'은 팬 사이에 정보 격차가 벌어질 때 그 간극을 줄이기 위해 노력한다. 앞선 인터뷰에서 한 팬은 회사 일로 바빴을 때 "요즘 현생(팬들의 실제 삶이나 해야 할 일을 뜻한다.)이 바쁘셔서 당연히 못 보셨겠죠? 이것만 보시면 돼요. (링크)"라는 메시지를 받았다. 그는 타인의 작은 관심과 배려가 전제된 친절함과 유대감을 느꼈다고 말했다.

내가 만난 팬들은 자신이 수행하는 참여가 산업의 이익으로만 이어지는 것은 아닌지, 자신들의 팬 실천이 마케팅 수단으로만 이용되는 것은 아닌지, 나아가 팬들의 소비 방식이 아이돌 산업과 공모하며 산업을 유지시키고 있는 것은 아닌지 자문하고 있었다. 이러한 자정 노력이 켜켜이 쌓이면서 팬덤은 큰 문화적 흐름을 만들어 간다.

정체성의 표현은 솔직하고 때로는 적나라하기도 하며, 갈등을 유발하기도 하기에 팬덤은 매혹적이면서도 때때로 나를 좌절시킨다. 나는 팬이자 연구자로서 그런 순간을 자주 마주했다. 누구보다 스타를 지지했던 팬이 차갑게 돌아서야 했던 순간이나 팬의 과도한 요구에 지쳐 가는 스타를 보면서 서로 실망하게 되는 풍경들을 보기도 했다. 미디어학자 헨리 젠킨스는 "결국 팬덤은 매혹과 좌절이 균형을 이룬 지점에서 생겨난다."[11]라고 했다. 나 역시 팬덤 연구자로서 팬덤에 매료되고 그 문화적 가능성에 가슴 설레면서도, 동시에 팬덤의 한계를 느끼거나 팬덤이 오해받아 잘못 이야기될 때의 좌절 사이에서 연구한다.

내가 팬덤을 존중하는 방법

팬덤은 '-dom'이라는 접미사에서 보듯 현상을 포착하기 위해 쓰인 말이다. 지금까지 보았듯 팬덤은 복합적인 실천으로 이해해야 한다. 디지털미디어의 발달, 사

---

[11]　헨리 젠킨스, 김정희원·김동신 옮김, 『컨버전스 컬처』(비즈앤비즈, 2008) 참조. 한국의 아이돌 팬덤은 「스타 트렉」 팬덤과 같은 미국의 미디어 팬덤과 달리 '스타'를 팬 대상으로 하는 셀러브리티 팬덤이기에 스타와의 상호 소통과 감정적 교류가 더 활발히 진행되는 측면이 있다.

회적 담론, 감정을 자원으로 한 정동, 아이돌을 둘러싼 산업의 변화 등이 섞인 팬덤은 누군가를 좋아하는 일을 넘어 현시대에 대한 팬들의 고민, 열망, 취향, 욕망을 반영한다.

> 내가 나인 게 싫은 날. 영영 사라지고 싶은 날. 문을 하나 만들자. 너의 마음속에다.
> 그 문을 열고 들어가면 이곳이 기다릴 거야. 믿어도 괜찮아. 널 위로해 줄 매직 숍.
>
> ── 방탄소년단, 「매직 숍」 중에서

"저에게 아이돌의 의미가 딱 매직 숍이에요." 이렇게 말하던 팬의 초롱초롱하던 눈이 이따금 떠오르곤 한다. 내가 만난 팬들은 뜨거운 사람들이었다. 팬들의 열정적인 태도는 삶으로 이어지고, 그 에너지가 스타에게 다시 긍정적인 영향을 미치기도 한다. 자신과 스타 모두를 지키는 팬 활동 방식에 대해서 고민하는 동력이 팬덤의 본질 아닐까. 그렇게 팬덤은 "서로를 성찰하도록 자극하고, 공동의 가치와 윤리에 대해 논쟁하도록 부추기며, 우리의 일상생활 속에서 확장되는 의미의 중요한 원천이 된다."[12]

팬덤의 소비 방식이 누군가에게는 광적으로 보일 수 있고, 팬덤에 대한 과도한 역능 부여가 부정적인 행동들의 면죄부가 될 수 있다. 팬 활동을 하면서 헌신했던 대상이 사회적인 사건에 휘말리는 순간을 직면할 수도 있다. 그러나 팬덤은 그런 장면을 스스로 직면하면서 앞으로 나아간다. 그래서 나는 만약 한계를 극복할 방법이 있다면, 그 가능성을 다른 누구도 아닌 팬덤의 내부 구성 주체인 팬들에게서 찾고 싶다. 그게 내가 팬덤을 존중하는 방법이다. 팬덤을 낭만적으로 바라보는 연구의 한계를 알면서도 가능성의 지점에 관해 이야기하고 싶은 이유다.

[12] 마크 더핏, 앞의 책, 44쪽.

범죄물을 대하는 자세

천미림

천미림　　　전시를 만들고 미술을 쓰는 사람. 한양대학교 일반대학원 철학과에서 논문『아담 스미스, 공감의 미학』으로 석사학위를 받고 동 대학원에서 박사과정을 수료했다. 인간과 기술의 상호 관계에서 발생하는 철학적 문제의식을 조형적으로 탐구하고, 미술 안에서 새로운 과학예술 융·복합 담론을 형성하는 프로젝트를 진행하는 데 관심이 있다. 대학에서 미학과 과학기술 철학을 강의하고 있으며 미술 관련 매체와 전시에서 다양한 텍스트를 생산 중이다.

[주요어] #범죄콘텐츠 #공감이론 #그알덕후

[분류] 미학 > 미디어비평

"범죄를 소재로 한 작품이
계속 창작된다면
이는 예술을 통해
인간의 도덕적
감각을 일깨울 수 있기 때문이다."

나는 범죄물을 좋아한다. 추리 소설을 덕후 수준으로 모으고 매주 「그것이 알고 싶다」 본방사수를 하기 위해 웬만하면 방송 시간에 맞춰 일정을 비워 둔다. 밥을 먹을 때는 「디바제시카」나 「김복준의 사건의뢰」 같은 유튜브 채널을 바쁘게 들락거린다. 영화는 스릴러 장르를 선호하며, 「명탐정 코난」이나 「소년탐정 김전일」 같은 만화를 자주 정주행한다.

범죄 사건은 추리물이나 스릴러 장르에서 단골 소재임이 분명하다. 문화 예술은 언제나 범죄 콘텐츠에 열광한다. 최근 범죄를 다루는 작품의 생산과 공급이 늘어난 것은 수요의 증가를 나타낸다. 인간은 역사적으로 미스터리나 음모론, 타인의 사생활 등의 소재를 꾸준히 즐겨 왔으니 요즘의 상황이 그리 부자연스럽지는 않다. 그런데 우리는 왜 범죄 콘텐츠에 흥미를 느끼는 걸까?

허구의 살인 사건에 공감하기

범죄 콘텐츠에는 살인이나 실종 사건같이 잔혹하고 기이하면서 여전히 궁금증을 남기는 미스터리가 주로 포함된다. 아동 학대나 사기 사건처럼 우리의 삶과 긴밀하게 연결된 주제가 다뤄지기도 한다. 현실의 도덕적 기준으로 보면 사람들이 범죄 콘텐츠에 열광하는 현상은 얼핏 비윤리적이라 느껴진다. 실제로 벌어져서는 안 될 일에 환호하는 것이기 때문이다.

영화 「테이큰(Taken)」[1]을 떠올려 보자. 주인공은 납치된 딸을 구하기 위해 고군분투한다. 그는 범죄자 역을 맡은 수많은 조연을 몇 번의 몸동작만으로 가볍게 죽여 버린다. 이는 명백한 살인이며, 만약 이 일이

[1] Pierre Morel, 「Taken」(2008).

실제로 일어났다면 우리는 그런 잔인한 일이 벌어졌음에 분노할 것이다. 그러나 관객들은 주인공의 살인 행위를 보며 오히려 쾌감을 느끼고 그의 영웅적 성취에 흥분한다.

실제와 허구를 대하는 사람들의 태도 차이는 의문을 자아낸다. 어떤 지점에서 이런 감정의 차이가 유도된 것일까? 철학자 애덤 모턴은 악의 기본 특징을 분석하면서 '이해 불가능하다는 관점'을 든다. 악의 이해 불가능성은 잔인한 행위를 한 타인을 이해하려 할 때 인간이 빠지는 혼란에 주목하는 개념이다. 예를 들어 타인을 존중하지 않는 연쇄 살인범을 대할 때 곧장 살인범의 쾌감을 상상하는 어려움에 빠진다.[2] 그렇다면 관객으로서 범죄 콘텐츠를 즐긴다는 것은 살인범의 쾌감을 상상할 수 있다는 것, 바꿔 말하면 그에게 공감하게 된다는 것일까?

「테이큰」을 즐기는 관객의 공감 지점은 이와 다르다. 관객은 범죄를 저지르면서까지 딸을 구하려는 주인공의 부성애와 미성년자 납치범에게 복수하는 인과

[2]   애덤 모턴, 변진경 옮김, 『잔혹함에 대하여』(돌베개, 2015), 29, 39~40쪽.

응보적 상황에 몰입한다. 이때 주인공의 살인은 상황적으로 불가피한 것 또는 아버지의 간절함을 극한으로 보여 주는 서사적 장치에 불과하다. 모턴의 설명에 따르면 악을 대할 때 비난과 이해는 양립할 수 있다.[3] 관객은 폭력과 살인이 정의롭지 않은 행위라는 것을 안다. 그러나 동시에 그 범죄가 지닌 맥락과 서사를 이해하고 공감한다.

김영하의 소설 『살인자의 기억법』[4]은 연쇄 살인마 노인이 또 다른 연쇄 살인마의 표적이 된 딸을 지키는 이야기를 그린다. 독자는 주인공의 비도덕성을 인지하면서도 주인공의 관점에 서서 그가 소기의 목적을 달성하기를 바란다. 치매에 걸린 주인공이 죽기 전 마지막 죗값을 치르려 한다는 설정이나 아버지로서 사랑하는 딸의 죽음을 막아야 하는 상황 등 인물을 둘러싼 서사가 자연히 그의 처지에 공감하도록 이끌기 때문이다. 또 다른 범죄물 「소년탐정 김전일」[5]은 주인공 김

[3] 앞의 책, 41쪽.
[4] 김영하, 『살인자의 기억법』(문학동네, 2013).
[5] 아마기 세이마루·가나리 요자부로·사토 후미야, 『소년탐정 김전일』(서울미디어코믹스).

전일이 에피소드마다 살인 사건을 해결해 나가는 식으로 구성되는데, 범인은 항상 사건 말미에 자신이 왜 살인을 저질렀는지, 피해자가 얼마나 나쁜 사람이었는지를 자세히 설명한다. 일련의 작품은 모두 등장인물의 살인을 정당화하는 동시에 인간이라면 그런 행동을 할 수도 있다는 도덕적 판단을 이끌어 낸다. 작품 속 인물들의 비도덕적 행위는 실은 작품을 보는 사람의 공감을 극대화하는 표현 방식일 따름이다. 이렇게 실제와 허구 사이의 간극을 자세히 보면, 범죄 콘텐츠에 열광하는 감상자의 윤리적 태도는 작품이 다루는 범죄 자체가 아니라 범죄라는 소재가 어떻게 다뤄졌는가에 긴밀하게 연결되어 있음을 알 수 있다.

범죄 실화를 다루는 문제

콘텐츠의 본질을 이루는 내용물과 개별 작품에서의 표현을 분리하면 범죄 콘텐츠에 대한 관객의 평가 역시 둘로 구분할 수 있다. 하나는 콘텐츠가 범죄라는 소재를 다루는 것 자체에 대한 비평이고, 다른 하나는 어떤 콘텐츠가 범죄 소재를 옳거나 옳지 않게 다루는 창작 태도나 표현 방식에 대한 비평이다.

「꼬리에 꼬리를 무는 이야기」(이하 「꼬꼬무」)는 프로그램 론칭 시 비도덕성 논란에 휩싸였다. 사회와 패널로 나온 연예인들이 심각한 현실 범죄 사건을 마치 도시 괴담이라도 되는 양 과잉된 말투와 표정으로 가볍게 다뤘다는 것이 주된 비판이었다. 특히 '지존파 사건' 에피소드에서는 실제 범죄 행각이 일어난 조직 폭력배의 아지트를 설명하는 장면에 발랄한 느낌의 배경 음악을 넣고 "그런데 아지트가 너무 예뻐."라고 말하거나, 아지트 외관의 이미지를 인스타그램 프레임과 합성해 "SNS 감성 충만"이라는 알록달록한 자막을 달기도 했다.[6] 만약 프로그램의 의도가 실제 사건의 사회적 의미를 상기하기 위한 일종의 교육적 차원에 있다면 이처럼 자극적인 연출이나 가벼운 표현을 선택하지 않았을 것이다. 「그것이 알고 싶다」나 「김복준의 사건의뢰」의 경우는 사건에 관한 구체적 사실이나 해당 사건의 사회적 의미, 문제 해결을 위한 제안 등이 차지하는 비중이 더 높다. 이는 콘텐츠를 보는 사람들이 사

[6] SBS NOW, "[꼬꼬무] 요약 '악마들의 살인공장' 지존파 "이 세상 법이 X 같은 거야""(2021).

건을 깊이 이해하고 적극적으로 참여하게끔 유도한다. 반면에 「꼬꼬무」의 표현 방식은 범죄를 대상화하고 이 야깃거리로 만들면서 사건의 사회적 중요성이나 비윤리성을 축소한다.

철학자 애덤 스미스는 실제로 벌어진 사건에 공감하는 인간의 도덕적 감정 체계가 예술작품을 감상하는 데에도 적용된다고 말한다. 불행한 사건에 연루된 지인의 사정에는 측은한 마음을 가지고, 그러한 불행을 일으키는 범죄자에는 분노하는 바로 그 공감 체계가 작품의 주인공과 서사를 대할 때 그대로 작동한다는 것이다. 18세기 인물인 스미스는 비극 작품의 주인공은 관객에게 애정의 대상이 되지만 악인은 분노의 대상이 되는 예로 셰익스피어의 작품 「오셀로」를 든다. 주인공 오셀로를 시기한 악인 이아고는 오셀로를 불행에 빠뜨리려 그와 부인 사이에 오해를 만든다. 이아고의 악행으로 무고한 부인을 의심하던 오셀로는 끝내 그녀를 살해하고 만다. 스미스의 이론에 따르면 이 작품의 관객은 「오셀로」의 서사적 맥락 속에서 각 인물에 대한 도덕적 판단을 내리므로 오셀로가 고통을 느끼는 순간에 공감하고 이아고가 처벌받을 때 기뻐한다.[7]

옳고 그름의 판단이 서사를 구성하는 인물과 행위, 사건에 대한 공감으로 이어지는 것이다.

스미스는 더 나아가 관객이 작품 속 인물에 공감하는 정도가 클수록 미적으로 더 훌륭한 작품이라 평가받는다고 말한다.[8] 셰익스피어의 작품이 훌륭한 이유는 작품의 서사가 사람들의 공감을 잘 이끌어 내기 때문이라는 것이다. 이분법적인 선과 악의 구도가 바탕인 스미스의 논의를 인물과 상황의 다면적인 관계를 취급하는 현대의 범죄 콘텐츠에 바로 적용하기에는 다소 무리가 있다. 그럼에도 도덕과 예술의 관계를 연결 지은 스미스의 철학은 범죄 콘텐츠를 비평할 때 발생하는 문제를 해결할 단초를 제공한다.

범죄 콘텐츠를 다루는 작품들에 대한 우리의 미적 평가, 즉 예술적으로 훌륭한 작품인지 아닌지의 판단은 우리가 현실을 대하는 윤리적 태도와 맞닿아 있다. 실제 범죄를 판단할 때 사건을 둘러싼 구체적인 맥

[7]　Adam Smith, *The Theory of Moral Sentiments*, D. D. Raphael & A. L. Macfie (ed.)(Liberty Fund, 1982), p. 34.
[8]　Adam Smith, *Essay on Philosophical Subjects*, W. P. D. Wightman & J. C. Bryce (ed.)(Liberty Fund, 1982).

천미림

락을 고려하는 것처럼, 범죄 콘텐츠를 다루는 작품을 감상할 때에도 그 창작 태도나 표현 방식에 따라 공감의 정도가 달라진다. 따라서 범죄 콘텐츠의 비평은 감상자가 악인이나 악행에 몰입하게끔 하는 서사의 표현에 주의를 기울여야 한다. 모턴은 작품에서 매력적으로 구현된 악마적 이미지가 감상자 내면의 은밀한 욕구를 충족시키면서 감상자가 범죄자에 이입하게끔 만든다고 짚는다.[9] 반대로 현실적으로 상상 가능한 인격으로 재현된 악마적 이미지는 자기 자신과의 동일시를 방해한다. 또한 그는 작품 속 인물의 악한 동기를 평범하게 만드는 도덕적으로 유해한 이미지가 계속 제공될 때 감상자 일반의 도덕적 비난을 약화시킬 수 있다고 지적한다. 이러한 점에서 범죄 실화를 다루는 콘텐츠에 사용되는 표현 장치는 실제 범죄자의 악행을 정당화하는 데 일조할 우려가 있다.

모턴이 강조하듯 악한 동기는 쉽게 모방될 수 있기에 이에 대한 정확하고 무해한 이미지가 제공되어야 한다. 이상의 논의를 적용하면 「꼬꼬무」가 지존파를 다

[9] 애덤 모턴, 앞의 책, 56~57쪽.

룬 흥미 본위의 구성 방식은 창작자들의 안일한 태도를 보여 주며, 범죄 콘텐츠를 다루는 작품이 갖춰야 할 도덕적 가치와 수용자들의 윤리적 공감을 획득하는 데 다소 실패했다고 평가할 수 있다.

여전히 범죄 콘텐츠를 좋아한다면

범죄 콘텐츠를 다룬 작품들을 평가하는 일은 아주 까다롭다. 소재 선택에서 표현, 유통까지 작품 전 과정을 콘텐츠로 이해해 소재나 표현 일부의 비도덕성을 작품 전체의 부적절함으로 전이한다면 어떤 범죄 콘텐츠도 제대로 평가할 수 없을 것이다. 우리는 콘텐츠의 소재와 표현을 구분할 때 작품의 어떤 부분이 사람들의 공감을 얻지 못했는지를 논할 수 있다. 한편 표현이 아닌 범죄 소재 그 자체에 대한 논의는 더욱 신중할 수밖에 없다. 적어도 실화를 바탕으로 하는 범죄 콘텐츠는 명백한 피해자가 존재한다는 점에서 윤리적 논쟁을 벗어나기 어려울 것이다.

고백하건대 실제 사건을 다루는 작품이 모두 나의

흥미를 끌지는 않는다. 어떤 작품들은 범죄에 노출되었던 나의 기억을 떠올려 괴롭게 하고, 또 어떤 작품들은 실제 사건에 대한 창작자의 무신경함이 분노를 치밀게 한다. 그럼에도 내가 여전히 범죄 콘텐츠를 좋아하고 앞으로도 범죄를 소재로 한 작품이 계속 창작된다면 이는 우리가 예술을 통해 인간의 민낯을 발견하고 도덕적 감각을 일깨울 수 있기 때문이다. 「그것이 알고 싶다」에서 다뤄진 미제 사건은 훗날 사건 해결의 실마리를 얻어 종종 수사에 진전을 이루기도 했다. 범죄 실화를 보는 시청자의 관심과 범죄 실화를 다루는 범죄 콘텐츠 창작자의 공조가 현실의 정의 구현에 이바지한 것이다. 이처럼 문화 예술은 다양한 방식으로 우리의 도덕성을 유지시킨다. 작품을 창작하고 감상하는 우리의 예술적 실존을 재확인하는 과정에서 우리 자신이 윤리적 존재임을 잊지 않았으면 한다.

"그거 이차가해 아닌가요?"

허지우

허지우   법학전문대학원 전문석사과정에 재학 중이다. 학부에서는
법학을 공부했다.《오프 매거진(OFF MAGAZINE)》에「아픈 여자 이
론」과「우울을 쓰기」를 번역해 싣기도 했다. 페미니즘과 퀴어 연구의 관
점에서 법학과 관련된 글을 쓰는 일에 관심이 있다.

[주요어] #피해자중심주의 #이차피해 #관심경제
[분류] 법학 > 법사회학

"한 작가에 대한
SNS상의 고발이 이뤄지면
수용자들의 마음속에 법정이 세워진다.
마음속 가상의 검사가
고발문에 따라 증거를 제출하고
가상의 변호인이
반박문에 따라 변론한다.
그런데 마음속의 법정에서
변호인의 출석을 금지했을 때
그 법정에서 나온 판결을
신뢰할 수 있을까?"

'법정화'라는 단어가 한국 사회에서 본격적으로 언급되기 시작한 것은 2015년경이다. 평론가 진중권이 당시 문화계 안팎에서 벌어진 일에 사법적 판단이 과도하게 개입한다고 지적하면서부터다. 2019년 출간된 『미학 스캔들』에서는 법정화 현상을 이렇게 설명한다. "독일에서도 근대화의 초기에는 시민들이 툭하면 사안을 법정으로 가져가는 일상의 '법정화(tribunalisieren)' 현상이 빚어졌다."[1] 법정화 현상[2]은 대중정의와 연

[1]   진중권, 『미학 스캔들』(천년의상상, 2019), 370쪽.
[2]   본래 의미의 '법정화'란 18세기 유럽에서 대중정의에 대한 관심이 높아지면서 사건의 종류를 가리지 않고 법정의 언어로 판단하려 한 사회 현상을 의미한다. 당시 유럽은 절대왕정에서 국민국가로의 이행기에 있었으며, 공권력이 형성되어 사법 권력과의 관계 설정이 시작된 시기였다.

관되는데, 대중정의 개념은 18~19세기 유럽[3]이나 미국의 사적 제재와 관련한 형사적 정의[4]를 설명할 때 자주 인용된다.

한편 2022년 콘텐츠 수용자인 한국인의 입장에서 법정화란 '소비해도 되는 것'과 '소비하면 안 되는 것'을 나누려는 법정적 태도와 그 태도를 구성하는 법정 언어를 직관적으로 상기시키는 말이다. SNS 대중화 이후 많은 콘텐츠 수용자들이 '위험한' 창작물을 수용한 사실이나 '위험한' 감상을 공유할 때 '조리돌림'이라는 사적 제재가 뒤따를 것을 인지하고 있다. 특히 2016년 이자혜 작가의 만화『미지의 세계』를 둘러싼 논란 이후 이런 조리돌림과 그에 대한 사용자의 자각은 일상적인 것이 되었다.[5]

법정화는 이런 사회상의 변화로부터 영향을 받아 발생한 현상이라고 할 수 있으며, 한편으로 배심원제도 같은 사법 제도에 영향을 주어 사회변혁에 역할을 하기도 했다.

[3]   Delivré, É., & Berger, E. (eds.), *Popular Justice in Europe (18th~19th Centuries)* (Società editrice il Mulino Bologna, 2014).

[4]   Berg, M., *Popular Justice: A History of Lynching in America (American Ways)* (Ivan R. Dee, 2011).

[5]   『미지의 세계』를 둘러싼 논란에 관해서는 다음을 참조할 것. 양효실 외,『당신은 피해자입니까, 가해자입니까』(현실문화, 2017).

허지우

피해자중심주의의 맥락

SNS에서 나타나는 법정화 현상의 대표적인 예로 '피해자중심주의'에 대한 고려가 있다. 이는 가해자로 고발된 작가의 작품을 소비하는 것이 피해자에게 이차가해를 가하는 것이라는 주장으로 이어진다. 김세희 작가의 소설 『항구의 사랑』, 김봉곤 작가의 소설 「그런 생활」 등이 고발 대상이 된 대표적인 작품이다. 고발의 결과 이 작품들을 SNS에서 언급하는 것이 부적절하다는 공감대가 형성되었다. 이후 크고 작은 유사한 사건에서도 같은 논리가 재생산되어 공감대 형성에 성공하기도 하고, 이유 없는 억지 주장을 한다는 비난을 받기도 했다.

　　피해자중심주의는 victim-centered approach의 번역어로, 직역하면 피해자 중심적 접근이라 할 수 있다. 피해자중심주의는 피해자학과 형사정책학이 접하는 지점에서 발생했다. 피해자학은 2차 세계대전 이래 범죄학에서 갈라져 나온 분과로, 피해자에게서 범죄와 범죄자에 대해 무엇을 어떻게 알아낼지를 연구하는 학문으로 출발했다. 이후 형사사법적 절차가 가해자 처벌에만 초점을 맞추었던 점을 반성하고, 생존자의 삶을 고려하는 학문으로 발전했다.[6] 그러한 예시로 국제인도법 분야의 회복적 사법 도입을 들 수 있다.[7]

형사사법에서 피해자중심주의란 범죄 사건의 처리 과정에서 피해자의 진술과 관점을 고려하는 것을 의미한다. 범죄 사건의 처리 과정은 범죄에 해당하는 행위를 범죄자가 저질렀는지, 범죄자가 그 행위를 책임져야 하는지, 죄가 있다면 어느 정도의 벌을 받아야 하는지 등 범죄자의 죄와 벌을 정하는 데 초점이 맞춰지기 쉽다. 이렇게 주변화되기 쉬운 피해자가 범죄 사건 처리 과정에서도 회복할 수 있도록 하자는 것이 피

[6]   Wemmers, Jo-Anne, "A Short History of Victimology," Hagemann, O., Schäfer, P., Schmidt S. (eds.), *Victimology, Victim Assistance and Criminal Justice: Perspectives Shared by International Experts at the Inter-University Centre of Dubrovnik*(May 1, 2010).

[7]   회복적 사법이란 형사사법의 역할을 범죄인 처벌이나 범죄 예방으로 한정하지 않고 범죄 행위를 저지른 개인과 그로 인해 피해 입은 개인의 삶을 회복하는 것까지 포함해 이해하는 관점이다. McDonald, A., "Chapter 9. The Development Of A Victim-Centered Approach To International Criminal Justice For Serious Violations Of International Humanitarian Law," *International Humanitarian Law: Prospects*(2006), pp. 237~276.

해자중심주의다. 사법 제도는 구체적인 분쟁에 국가가 개입해 해결하는 양식화된 과정이라고 할 수 있다. 권리 중심의 사법 체계는 '무엇이 마땅히 이루어져야 하는가?'를 중심으로 형성되는데, 권리의 내용을 정하는 법은 실체법, 권리를 실현하는 방법을 정하는 법은 절차법이라 거칠게 분류할 수 있다. 형사사법에서 실체법은 죄와 형벌을 다루며 절차법은 수사 및 형사재판 절차와 형의 실행을 다룬다. 피해자중심주의는 주로 절차법 영역에서 피해자의 관점을 고려해야 한다는 원칙으로 적용된다.

그런가 하면 동시대 한국의 맥락에서 피해자중심주의는 페미니즘의 언어라 할 만큼 페미니즘적 맥락에서 자주 호출된다. 대학 자치 공동체, 사회운동 공동체, SNS 이용자 클러스터 등 페미니즘적 고려를 무시할 수 없는 공동체 내부에서 분쟁 해결을 위한 역할을 한다. 이 중에서 콘텐츠와 관련 있는 것은 SNS 이용자 클러스터에서 피해자중심주의가 호출되는 경우다. 이 글은 본래 의미의 피해자중심주의에 충실해야 한다는 주장을 하려는 것이 아니다. 공동체의 갈등 해결 원칙으로서의 피해자중심주의가 형사사법에서의 피해자중심주의와 같아야 할 이유는 없다. 법정화 현상에 비판적 관점을 견지하려면 법정의 언어가 무차별적으로 사회 전반에 침투하는 것을 경계해야 한다. 이 글의 목표는 피해자중심주의 개념이 동시대의 맥락에서도 보다 잘 기능할 방법을 모색하는 것이다.

"하지만 그걸 소비하면 이차가해가 되지 않나요?"

이차가해라는 표현이 공동체의 갈등 해결 원칙으로 자주 사용되지만, 형사사법에서 해당 주제는 '이차피해(secondary victimization)'라고 한다. 수사 및 형사재판 절차와 형의 집행 과정에서 피해자가 입게 되는 피해를 표현하기 위해 제안된 개념이다. 범죄 사건의 처리 과정에는 피해자의 고소, 진술, 증언 등의 협조가 필요한데, 그 과정에서 피해자가 추가적인 피해를 입기도 한다. 이차피해는 이런 추가적 피해가 별개의 '가해자'를 구성하지 않더라도 형사사법적으로 간과되어서는 안 된다는 지적이다. 만약 이 추가적인 피해가 별개의 범죄를 구성한다면 구태여 '이차'라는 말을 피해에 붙

허지우

일 필요가 없다. 그것은 (일차) 피해이며 그 피해를 야기한 행위자는 가해자가 된다.

공동체의 갈등 해결 원칙으로 소환되는 피해자중심주의와 이차가해는 형사사법에서의 해당 개념과는 달리 실체적 영역에 적용된다. 갈등의 쟁점이 주로 실체적 판단에 집중되기 때문이다. SNS 이용자 클러스터와 콘텐츠에 관해 피해자중심주의와 이차가해가 호출되는 경우, 사건 진행 과정에 정해진 절차가 없기 때문에 절차적 쟁점은 고발과 반박 과정에 끼어들 수 없다. 따라서 쟁점은 오로지 작가가 고발문에 나온 행위를 실제로 했는지 그리고 그 행위가 가해를 구성하는지를 두고 형성된다. 이 같은 쟁점에 피해자중심주의를 적용하면 피해자의 주장대로 행위가 있었음은 인정될 수밖에 없고, 피해자의 주장대로 그 행위는 가해를 구성할 수밖에 없다. 원칙을 적용한 결론이 정해져 있으므로 다른 결론을 내는 것은 곧 원칙을 고수하지 않은 것이 된다.[8]

[8] 권김현영, 「'이차가해'와 '피해자중심주의'에 대해」, 《허핑턴포스트》, 2018년 3월 15일 자. 피해자중심주의와 이차피해 개념이 오용됨으로써 생기는 폐해를 더 자세히 지적한 것으로 참조할 만한 글이다. 이

갈등 해결 원칙으로서 피해자중심주의와 이차가해 개념이 순기능을 하게 하려면 콘텐츠 수용자는 무엇을 시도해야 할까? 한 작가에 대한 SNS상의 고발이 이뤄지면 수용자들의 마음속에 법정이 세워진다. 마음속 가상의 검사가 고발문에 따라 증거를 제출하고 가상의 변호인이 반박문에 따라 변론한다. 개념을 적용할 때에는 맥락이 중요한 만큼, 법정의 언어를 가져온다면 법정에 빗대어 맥락을 배치해야 개념이 제 기능을 발휘할 수 있다. 마음속의 법정에서 변호인의 출석을 금지했을 때 그 법정에서 나온 판결을 신뢰할 수 있을까? 피해자중심주의는 수용자가 마음속 가상의 검사 역할을 할 때에는 피해자의 증언을 필요 이상으로 의심하지 않는 것, 피해자의 불필요한 출석을 요구하지 않는 것, 피해자에게 반복된 증언을 요구하지 않는 것처럼 실체적 진실을 알겠다는 충동으로 피해자에게 행할 수 있는 잘못을 삼가는 원칙이 될 수 있다. 다른 이의 법정을 방청하

글은 권김현영의 글에 대한 응답이기도 하다. 서로 다른 맥락에 대한 지적에서 나아가 그 맥락이 어떻게 다른지, 그로 인해 개념이 어떻게 다르게 작동하는지, 그 결과 어떤 지점에서 문제가 발생하는지를 살핌으로써 나름의 실천적인 지침을 제시해 보고자 한다.

허지우

는 경우에도 그의 마음속 검사에게 어떤 원칙의 준수를 요구하고 감시할 것인지에 관한 지침이 될 수 있다. 피해자중심주의가 실체적 판단에까지 영향을 미치지 않도록 하는 것 또한 실천적 지침일 것이다.

관심경제 속에서 관심과 재미를 교환하는 주체

그런데 법정화 현상 자체를 거부할 수는 없을까? 우리는 이미 법정화 현상의 외부를 상상하기 힘든 상황에 놓인 것일까? 이에 답하려면 콘텐츠와 관심경제에 대한 검토가 필요하다. 관심경제란 관심에도 비용과 효과가 있다는 것을 전제해 이를 경제적 논리로 파악하는 개념이다. 관심의 산출물은 정보인 만큼 정보와 관련이 큰 정치, 경제, 군사 분야에서 발전한 개념이었는데, 누구나 정보 처리 전략을 고민해야 하는 정보 과잉의 시대가 도래하면서 관심경제의 논리가 대중의 일상에도 침투하게 되었다. 일상의 크고 작은 의사 결정에서 개인이 참조할 수 있는 정보량은 이전 시대의 소박한 실천 지침으로는 감당할 수 없는 수준에 이르렀다.

과거라면 국가나 기업 사이에나 적용되던 '정보격차'가 개인이나 인구집단 사이에도 적용될 수 있는 환경이 되었다.[9]

뉴미디어 환경에서 관심과 재미를 교환하는 콘텐츠 수용자는 그 대상이 무엇이든 재미를 찾는다. 레거시 미디어 환경에서라면 형식이 달라 호환되기 어려웠을 뉴스 기사 그리고 기사에 관한 반응을 같은 플랫폼에서 큰 차이 없는 것처럼 수용한다. 일간지 기사나 전문 잡지 기고문, 대형 게시판의 게시글, 위키피디아 문서나 개인 블로그 포스트가 거의 위계 없이 병렬적으로 연결된다.

플랫폼은 일종의 거래소처럼 기능한다. 콘텐츠 수용자들은 동시적이고 병렬적인 쌍방향 소통을 가능하게 하는 SNS 환경에서 관심과 재미를 시장에서 거래하듯 교환한다. 이전보다 훨씬 적은 비용으로 가능해진 집단창작으로 그림과 글을 교환하고, 서로를 '팔로'하며 관심과 영향력을 교환한다.

[9]　Festré, A., & Garrouste, P., "The 'Economics of Attention': A History of Economic Thought Perspective," *Œconomia* (5-1, 2015), pp. 3~36.

　　　　　　허지우

경제의 논리와
법정의 논리

관심경제의 관점에서 최적화를 원하는 콘텐츠 수용자
의 모습을 상상해 보자. 그에게 시행착오는 비용이다.
다른 수용자의 잘못된 설명으로 작품의 이용권을 구매
하면 이는 상대가 유발한 손해가 된다. 시장을 관리하
는 거래소 층위에서도 관심경제를 고려해 볼 수 있다.
거래소의 효율은 부적절한 거래에 벌을 줌으로써 유지
된다. 교환의 실패와 비효율이 손해와 벌로 구성되면,
손해와 벌을 다루는 언어인 법정의 언어가 쓰이는 것
을 피하기 어려울 수 있겠다.

　　이는 앞서 살펴본 이차가해와 연결되는 지점이다.
피해자의 고발이 있을 때 가해자로 지목된 작가의 작
품을 소비하는 일을 이차가해로 보는 주장은 (이차피해
의 일종인 수사 및 재판 과정에서 일어날 수 있는) 풍평피해
(風評被害)라는 개념과의 유사성을 근거로 한다. 하지만
이차피해 개념이 도입된 이유가 '가해가 구성되기 어
려운 상황'이었다는 것을 고려하면, 유사성만으로 이차
가해가 풍평피해의 일종이라고 주장하는 것에는 무리

가 있다. 형사 절차상 필요에 따라 작성된 범죄 사실 정보가 유출되어 피해자가 겪는 피해와, 가해 작가가 발표한 작품 및 고발문과 반박문이 널리 퍼져 피해자가 겪는 피해는 맥락도 과정도 다르다. 이차가해 사안에서는 주로 피해자에 대한 직접적인 비난의 형태로 피해가 발생하게 된다. 이 경우 가해자를 특정하는 데 어려움이 있는 것은 아니며, 가해 행위를 작품의 소비와 나누어 판단하기가 극히 어려운 것도 아니다.

무엇보다 작품의 소비는 이차가해 사안에서 작가가 이득을 얻는다는 이유로 비난받는데, 이는 관심경제의 관점을 전제한 지적이다. 다시 말해 서로 다른 지평의 논의를 섞는 셈이다. 물론 문제가 제기된 작품을 유통하고 감상하는 활동이 관심경제 차원에서 작가에게 이득이 되는 것은 사실이다. 다만 행위는 여러 측면에서 평가될 수 있고, 만약 피해와 가해의 측면에서 본다면 작품의 감상은 검증 차원에서 피할 수 없는 절차이기도 하다. 가해 사실의 검증과 상관없이 피해자에게 불필요한 고통을 주는 유통과 감상은 별개의 추가된 가해로 평가하고 금지 내지 자제해야 한다. 하지만 판단의 기준이 '작가에게 이익이 되는가'에 맞춰진다면

허지우

일률적으로 금지하는 결론에 다다르게 되어 이차피해를 지적하는 취지와도 맞지 않고 고발의 내용도 적절히 검증되지 않은 채로 남을 것이다.

　뉴미디어 환경에서 경제 논리가 콘텐츠 수용에 적용되는 것은 피할 수 없는 일인지 모른다. 플랫폼이 거래소 역할을 하는 이상 콘텐츠 소비가 창작자에게 경제적 이익을 주는 것은 필연일 것이다. 그럼에도 경제의 논리와 법정의 논리의 긴장 관계를 확인하고 우리 또한 이 논리들과 긴장 관계를 유지할 수 있다. 더욱이 옳고 그름이 문제시되는 일이라면, 소비와 이익을 따져 문제가 된 콘텐츠의 수용을 금하는 태도는 더 중요한 것을 놓치게 만든다.

계량화된 내면을 넘어

법정화 현상은 맥락 없이 수용자들의 심술에 의해서만 일어난 것이 아니다. 그 나름의 기능을 하기 때문에 무작정 거부하기도 어렵다. 하지만 책임을 물릴 사람을 찾고 비난할 사람을 찾아서 올바름을 회복하겠다는 생각은 그야말로 응보를 생각하는 법정의 논리이며, 법정화 현상의 내부에 머무르는 사고방식이다.

　마음의 영토에 경제의 논리와 법정의 논리가 미치지 못하는 움푹 꺼진 공간을 상상해 본다. 관심의 투입과 재미의 산출이라는 계량화된 내면의 구조는 수용자의 내부에서부터 대중문화 비평을 법정으로 끌고 가면서 창작자에게 착취적인 산업 구조를 승인하도록 유도한다. 더 적은 자원을 투입해서 더 많은 재미를 얻어 가려는 마음이 나쁜 것이 아니다. 그로 인해 수량화할 수 없는 풍부한 재미를 잃어버리고, 창작자를 작품과 작품의 생산 및 유통 구조로부터 소외시켜 다양성과 지속 가능성을 해치는 문제가 발생한다. 작품에 대한 평가가 다원적 시각에서 이뤄질 수 있다는 사실을 잊지 않아야 문제 해결의 실마리를 잡을 수 있다.

허지우

조선 사람이
선택한 콘텐츠

장유승

장유승   성균관대 한문학과를 졸업하고 한국학중앙연구원 한국학
대학원을 거쳐 서울대 국어국문학과에서「조선 후기 서북 지역 문인 연
구」로 박사학위를 받았다. 현재 단국대 동양학연구원 연구교수로 재직
중이다. 지은 책으로『쓰레기 고서들의 반란』,『일일공부』,『조선잡사』
(공저)가 있으며, 옮긴 책으로『한국 산문선』(공역),『정조어찰첩』(공
역),『동국세시기』등이 있다.

[주요어] #독서사 #다양성 #통속물
[분류] 한국학 > 서지학 연구

"통속물이
상업 출판의 발전을
견인한 것처럼,
웹의 시대를 견인한 것도
통속물이다. 그중 일부는
오늘날 우리가
고전이라 부르는 책이다."

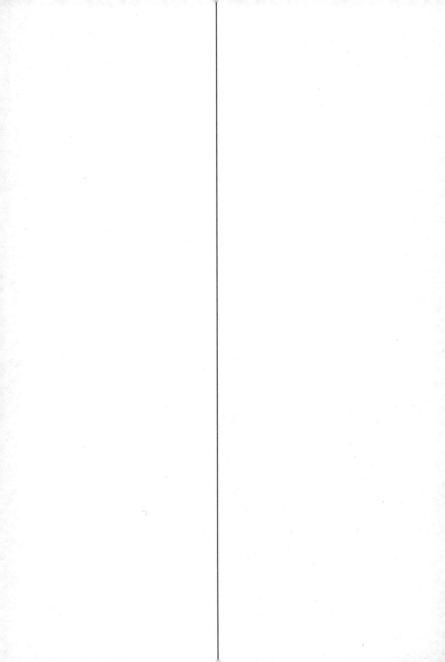

동아시아 책의 간략한 역사

최초의 책은 죽간(竹簡)이었다. 대나무 조각을 끈으로 묶은 것이다. 대형 김밥말이 또는 소형 돗자리 같은 형태다. 책(冊)이라는 한자가 이 죽간의 형태에서 나왔다. 책의 수량을 표시하는 권(卷) 역시 돌돌 말아 보관하는 죽간에서 유래한 글자다.

죽간은 만들기 번거롭다. 대나무를 적절한 크기로 자르고 불에 쬐어 수분과 당분을 제거한다. 부패와 충식을 막기 위한 가공 과정이다. 가공을 마친 대나무를 얇게 저며 조각내고 그 위에 글자를 쓴다. 글자를 쓰기도 번거롭다. 칼로 새겨 넣거나 점도가 높은 잉크(옻)

를 사용한다. 다 쓰면 수십 수백 개의 조각을 일일이 끈으로 묶는다. 죽간 한 조각은 책 한 줄에 해당한다. 오늘날 종이책 한 면이 20행이니 100조각을 연결해 봤자 책 5면이 고작이다. 전국 시대 장자(莊子)는 혜시(惠施)의 장서가 수레 다섯 대 분량이라며 감탄했지만, 혜시의 책은 죽간이었을 테니 종이책이라면 책꽂이 한 칸조차 채우기 어려웠을 것이다.

어차피 공적 기록물이 대부분인 시대였다. 통치자의 권위를 과시하고 강화하기 위한 종교적 기록물, 국가 운영의 실무와 관련된 기록물이다. 유가, 도가, 법가와 같은 제자백가의 저술 역시 통치를 위한 이론적 기반이었다. 권력을 유지하려는 욕망와 획득하려는 욕망이 동력이었다. 쓸 수 있는 사람도 읽을 수 있는 사람도 소수였으니 죽간은 기록물의 역할을 수행하기 충분했을 것이다.

죽간을 대체한 것은 종이였다. 제작 공정이 번거롭기는 죽간 못지않지만 서사(書寫)와 유통, 보관의 편의성은 죽간에 비할 바 아니다. 종이는 순식간에 죽간을 대체했다. 종이책의 형태는 여전히 죽간과 같은 두루마리였으나 얇아진 덕택에 그 정보량은 비약적으로 늘어났다. 가정용 두루마리 화장실 휴지를 다 펴면 50미터에 달한다. 공공화장실의 대형 롤휴지는 무려 500미터다. 여기에 글자를 써넣는다고 생각해 보자. 두루마리의 정보량을 얕보면 곤란하다. 당나라 시인 이백은 자기가 지은 시의 분량을 소 허리(牛腰)에 비유했다. 두루마리에 기록하면 그만큼 두꺼워질 거라는 말이다.

때마침 불교가 유입된다. 불교의 안착은 두루마리가 방대한 불경의 정보량을 소화 가능했던 덕택이기도 하다. 불교는 두루마리 시대의 주류 콘텐츠로 자리 잡았다. 남북조 시대부터 북송대까지 문헌의 주류는 질적으로 보나 양적으로 보나 불경이었다. 불교는 인간을 욕망으로부터 구원하려 했지만 인간은 구원에 대한 욕망으로 불교를 추종했다.

두루마리의 문제는 열람과 보관이 불편하다는 점이다. 원하는 부분만 보고 싶어도 방법이 없다. 화장실 휴지의 중간 부분을 뜯어 쓸 수 있겠는가? 무조건 처음부터 펼쳐야 한다. 보고 나서도 문제다. 끝까지 펼친 화장실 휴지를 다시 원래대로 만다고 생각해 보라. 깔끔하게 원상태로 돌리기도 어렵다. 임시방편으로 두루마리를 병풍처럼 접어 보관하는 절첩(折帖) 방식의 장정을 고안했지만 접히는 모서리가 손상되고 글자가 지워지기 일쑤였다. 새로운 형태의 책이 필요했다. 그것이 선장(線裝, codex)이다. 반으로 접은 종이를 여러 장 겹치고 끈으로 묶는 제본 방식이다. 여백을 충분히 두어 내용 훼손 없이 제본과 열람이 가능했다. 원하는 부분만 펼쳐 보기도 가능했다. 송대에 출현한 선장은 20세기까지 종이책의 지배적 형태였다.

송대에 시작된 과거 제도로 책에 대한 수요는 폭발적으로 증가했다. 출세를 향한 욕망은 필사로 감당할 수 없는 더 많은 책을 필요로 했다. 목판 인쇄술은 책의 역사에 한 획을 그었다. 목판본의 보급은 식자층을 확대했고, 확대된 식자층은 다양한 콘텐츠를 요구했다. 세속적 욕망을 자극하는 통속물이 인기를 끌었다. 중국과 일본의 상업 출판은 독자의 수요에 부응하여 통속물을 비롯한 다양한 콘텐츠를 양산했다. 출판은 더 이상 국가의 전유물이 아니었다. 하지만 조선의 상황은 달랐다.

장유승

수입콘텐츠가 장악하고 국산콘텐츠가 틈새를 연 조선 시대 출판의 경제

조선에서 출판은 국가가 장악했다. 사상 통제 탓이라기보다는 '규모의 경제'가 작동하지 않았기 때문이다. 중국과 일본의 상업 출판이 발달한 17~18세기에 일본의 인구는 조선의 두 배에 가까웠고, 중국의 인구는 조선의 열 배를 넘었다. 식자층의 규모 역시 비교가 되지 않았다. 덕택에 중국과 일본은 목판 인쇄로 충분히 수지를 맞출 수 있었지만 조선은 아니었다. 조선이 여전히 활자 인쇄를 출판 정책의 중심에 둘 수밖에 없었던 이유다. 조선의 활자는 소수의 독서층을 위한 다품종 소량생산이 목적이었다. 활자 주조에는 엄청난 비용이 들기에 국가가 아니면 비용을 감당하기 어렵다.

국가 주도의 출판은 통치 이념의 확산과 체제 강화에 기여했다. 유교 윤리를 선전하는 『삼강행실도』는 1쇄 2940부 간행이라는 경이로운 기록을 세웠다. 금속활자본 서적의 인쇄 부수는 많아야 수십 부 수준이었지만, 정조의 정통성을 천명한 『명의록』은 속편과 언해까지 합쳐 1000부 가까이 간행되었다. 출판이 국가에 종속된 결과다.

　개인 출판물은 국가의 활자를 빌리거나 각 지방에 구축된 출판 인프라를 활용했다. 본디 지방의 출판 인프라는 중앙에서 활자로 간행해 내려보낸 책을 목판으로 인쇄해 보급하기 위해 조성되었다. 지방관은 해당 지역의 출판 인프라를 개인 목적으로 사용하기도 했는데, 가문 위상 강화를 위한 족보와 문집이 주로 출판되어 보관되었다. 유통되는 책은 고작해야 경서 및 과거 시험 준비를 위한 학습용 서적 정도였다. 책의 수량 자체가 워낙 적었으니 콘텐츠의 다양화는 엄두를 내기 어려웠다.

　활로가 된 것은 수입 콘텐츠였다. 17세기부터 대규모로 유입되기 시작한 중국본은 순식간에 시장을 장악했다. 한때 정조가 이념 통제를 위해 문체반정이라는 명분으로 중국본 수입을 막았지만 될 일이 아니었다. 중국본은 20세기까지 대량으로 유입되었다. 지금도 가문 소장 고서를 조사하면 절반 이상은 필사본이고, 다음이 중국본이다. 조선본은 드문 편이며 그나마 집안 조상의 족보와 문집 따위다.

　　　　　　　　장유승

국산 콘텐츠는 조선 시대부터 인기가 없었다. 책주릅이라는 서적 외판원이 유통하는 책은 대부분 중국본이었다. 조선본은 찾는 사람이 없어 몹시 저렴했다. 대제학을 역임한 남유용의 『뇌연집』은 15책으로 제법 규모 있는 문집이었지만 책주릅이 매긴 가격은 단돈 2냥이었다. 그 3분의 2 분량인 중국 시문선집 『문선』 10책 가격이 다섯 배인 10냥이었다. "일생 동안 힘을 다해 문장을 성취했지만 결국 두 냥어치로 귀결되다니, 문장은 해서 무엇 하나."[1]라는 한탄이 나올 법하다.

수입 콘텐츠의 홍수 속에서 뒤늦게 상업 출판이 고개를 들었다. 방각본이다. 불특정 다수에게 판매할 목적으로 제작된 방각본은 최소 500부 이상을 찍었다. 품질은 조악했지만 관원들에게 내리기 위한 국가의 출판물이나 친척과 이웃에게 나누어 주기 위한 개인 출판물과 달리 서적 보급에 기여했다. 다만 필독서조차 구하기 어려워 베껴 써야 하는 열악한 현실의 대안이었을 뿐 강고한 도덕주의가 여전히 출판의 발목을 잡고 있었다. 방각본은 초학자를 위한 학습서가 주류를

[1]   김하라, 「물질로서의 책과 유만주의 도서 구매: 책주릅 조씨와의 거래를 중심으로」, 《한문학논집》 60집(근역한문학회, 2021), 52쪽.

차지했고, 문서 작성을 위한 실용서가 그 뒤를 따랐으며 소설과 같은 통속물은 또 그다음이었다.

통속 소설은 출판량이 많지 않았으나 제법 인기를 끌었다. 필사를 통해 복사, 유통되거나 세책이라는 대여 방식으로 공유되면서 수많은 독자를 확보했다. 소설의 종류는 다양했지만 아쉽게도 다양한 콘텐츠의 시대를 열지는 못했다. 한국 문헌에 조예가 깊었던 모리스 쿠랑은 이렇게 평했다. "한국의 고전소설은 두세 권만 읽으면 전부 읽은 것과 다름없다."

결말은 천편일률적이었지만 사람들은 새로운 콘텐츠에 열광했다. 소설은 순식간에 시장을 장악했다. 왕실부터 하층민까지 계층을 가리지 않았지만, 주 소비층은 여성이었다. "요즘 부녀자들이 일삼는 것이라곤 소설뿐인데 그 종류가 수백 가지다. 거간꾼은 베껴서 빌려주고 대가를 받는다. 식견 없는 부녀자는 비녀와 팔찌를 팔거나 빚을 내어 다투어 빌려 와서는 세월을 보낸다."[2] 소설은 독서와 거리가 멀었던 여성과 하층민을 독자로 끌어들였다. 제아무리 권선징악으로

---

[2]　蔡濟恭,『樊巖集』卷33,「女四書序」.

포장한들 독서인을 자기 정체성으로 삼은 사대부들의 눈에 곱게 보일 리 없다. "소설이 가장 사람의 마음을 무너뜨리니 자제들이 읽지 못하게 해야 한다."[3] 다행이라면 비판에 그치고 적극 단속하지 않았다는 점이다. 소설의 유행은 일제 강점기까지 계속되었다. 방각본과 소설은 관 독점의 출판에 균열을 일으켰다. 독서 인구의 증가에 기여한 공로도 과소평가할 수 없다.

　근대에 들어와서도 상황은 크게 바뀌지 않았다. 1920년대까지 족보와 문집이 전체 출판 허가 건수의 24퍼센트를 차지했다.[4] 신분제는 사라졌지만 신분 상승의 욕망은 사라지지 않았기 때문이다. 유교 경전과 역사서 등 전통적 학습서의 수요도 여전히 높았다. 구학문적 소양은 여전히 신분을 입증하는 일종의 증거였기 때문이다.

[3]　李德懋, 『靑莊館全書』卷5, 「歲精惜譚」.
[4]　정진석, 「일제 강점기의 출판환경과 법적 규제」, 《근대서지》 제6호 (2012), 41쪽.

책에서 웹으로,
순차 접근에서 임의 접근으로

책의 역사에서 콘텐츠 시대로 넘어가기 위해 잠시 카세트테이프를 떠올려 보자. 카세트테이프는 가정용 컴퓨터의 첫 번째 보조기억장치였다. 음악 듣는 그 카세트테이프 맞다. 여기에 컴퓨터 프로그램을 저장했다. 프로그램을 구동하려면 컴퓨터에 연결된 레코더에 테이프를 넣고 플레이 버튼을 누른다. 레코더가 요상한 소리를 내며 테이프를 읽는다. 처음부터 끝까지 다 읽어야 프로그램이 실행된다. 게임 한 판 하려고 한 시간 가까이 테이프 돌아가는 모습만 쳐다보는 일이 비일비재했다.

　카세트테이프가 저장 장치로 이처럼 비효율적이었던 이유는 데이터에 접근하는 방식이 순차 접근(sequential access)이라서 그렇다. 중간에 들어가서 필요한 데이터만 쏙 빼 오는 건 불가능하다. 저장되어 있는 순서에 따라 처음부터 끝까지 읽어야 한다. 플로피 디스크가 등장하면서 프로그램 구동 시간은 획기적으로 줄어들었다. 플로피 디스크는 임의 접근(random access)

이 가능한 저장 장치였다. 필요한 데이터가 있는 위치에 곧바로 접근하여 읽어 오는 방식이다. 느려터진 순차 접근에 길들여진 사용자에게는 환상적이었다. LP판 다루듯 조심스럽게 만지던 5.25인치 플로피디스크는 오래지 않아 단단한 플라스틱 케이스에 담긴 3.5인치 플로피디스크로 대체되었다. 3.5인치 플로피 디스크는 CD에, CD는 플래시메모리에 자리를 내주었다. 용량과 속도의 상승폭은 갈수록 가팔라졌다. 지난 30년간 진행된 보조기억장치의 진화는 2000년 동안 이루어진 책의 진화, 그리고 책에서 웹으로 이행하는 과정과 겹쳐 보인다.

종이책에서 웹으로의 이행은 순차 접근에서 임의 접근으로의 이행이기도 하다. 웹의 장점은 방대한 정보 속에서 원하는 정보에 바로 접근할 수 있다는 점이다. 웹의 보급으로 정보에 대한 임의 접근이 신속하고 편리해졌다. 반면 백과사전류를 제외하면 종이책은 기본적으로 순차 접근을 요구하는 미디어다. 어느 정도 건너뛰기가 가능하지만 독자가 순서대로 읽을 것을 전제하고 만들어졌다. 책을 전부 머릿속에 넣을 작정이라면 모르거니와, 책에서 원하는 정보를 찾으려고 첫 장부터 읽어 나가는 방식은 이제 시대에 뒤떨어진 방식이 되고 말았다. 그러면서 원하는 정보에 접근하기 위해 길을 둘러 가는 과정에서 얻을 수 있었던 거시적 관점과 부가적 정보는 기대하기 어렵게 되었다. 텍스트를 처음부터 끝까지 읽으면서 부가적으로 획득하는 정보가 오히려 더 가치 있을 가능성을 간과하면 곤란하다.

일본인 중국학자 요시카와 고지로(吉川幸次郎)는 박사학위논문 『원잡극 연구(元雜劇研究)』(1947)를 집필하는 과정에서 원대 희곡 관련 자료를 수집하기 위해 당시 입수 가능한 금·원대의 문집 200여 종을 완독했다. 그는 이 방대한 문헌에서 희곡 관련 자료를 찾는 작업을 '일본 거리에서 에스키모를 찾는 일'에 비유했다. 하지만 무의미한 작업은 아니었다. 그는 잡극이 성행한 시대를 증명하는 자료를 발굴했을 뿐 아니라 문집을 열람하는 과정에서 터득한 정보를 바탕 삼아 20여 년 지나 『원명시 개설(元明詩槪說)』(1963)이라는 기념비적 저작을 편찬했다.[5] 통독을 통해 그가 얻은 가장 큰

[5]   吉川幸次郎, 鄭淸茂 譯, 「關於 『元明詩槪說』: 代序」, 『元明詩槪說』 (幼獅文化事業公司, 1980), 2쪽; 張哲俊, 『吉川幸次郎研究』(中華書局, 2004), 326쪽.

소득은 희곡 관련 자료가 아니라 원대 사회와 문화에 대한 폭넓은 이해였을 것이다.

웹의 정보량은 무한하다. 정보량의 한계가 없어지면서 오히려 원하는 정보를 찾기가 어려워진다. '발견성'이 문제가 되는 것이다. 정보량의 한계가 없어지면서 수요자는 자기가 원하는 정보를 찾기 어려워지고, 생산자는 누구에게 어떻게 공급해야 할지 막막해진다.

5대 일간지와 방송 3사가 공론장을 지배하던 시대에는 발견성이 문제가 되지 않았다. 일단 지면에 소개되거나 전파를 타면 전 국민에게 알려진다. 반면 지금은 매체의 춘추전국시대다. 지배적 매체는 존재하지 않는다. 매체가 생산하는 콘텐츠의 규모도 과거와 판이하다. 이러니 유용한 정보조차 콘텐츠의 홍수 속에 묻히고 만다. 알음알음 입소문으로 전해질 뿐이다. 알고리즘이 제공하는 '맞춤'과 '추천'이 편향성을 강화한다는 비판에도 건재한 이유가 이것이다. 다행이라면 일단 생산된 콘텐츠는 웹의 공간에 영원히 박제된다는 점이다. 뒤늦게 발견되어 차트를 역주행하는 일도 있다. 대개는 시간이 지나면서 시의성을 상실한 채 불필요한 정보로 전락하고 만다.

웹은 이용자가 불필요한 정보를 건너뛰고 최단 경로로 필요한 정보에 도달하게끔 하는 방향으로 진화하고 있다. 하지만 필요한 정보와 불필요한 정보는 어떤 기준으로 나눌 수 있을까. 원하는 정보에 도달하기 위한 복잡한 과정은 과연 불필요한 것일까.

'저속해도 괜찮아'

책은 문자 매체다. 문자 매체는 언어를 공유하는 이들의 소통 수단이며, 언어를 공유하는 이들은 자연스레 문화를 공유한다. 언어와 문화를 공유하는 지역을 '문화권'이라 부르는 이유다. 상이한 국가와 민족이 문화를 공유할 수 있었던 것은 언어의 공유 덕택이었다. 구어는 달랐지만 문어는 같았다. 유럽은 라틴어, 인도는 산스크리트어, 중동은 아랍어, 동아시아는 한문이었다. 책이라는 미디어와 그 속에 담긴 콘텐츠는 동일 문어를 사용하는 문화권 내에서 국경을 넘나들며 느리지만 확실하게 세상을 바꾸었다. 이제 웹은 문화권의 장벽마저 무너뜨리고 전 세계를 하나로 묶고 있다.

자극적 콘텐츠가 대세를 이루는 현실에 대한 비판

장유승

도 있다. 하지만 통속물이 상업 출판의 발전을 견인한 것처럼, 웹의 시대를 견인한 것도 통속물이다. 게임과 포르노가 웹의 보급에 기여한 공로는 무시할 수 없다. 전근대의 통속서는 독서 인구 확대에 기여했으며, 그중 일부는 오늘날 우리가 고전이라 부르는 책이다.

'좋은' 콘텐츠와 '나쁜' 콘텐츠는 애당초 구분할 수 없다. 그러니 좋은 콘텐츠를 만들 생각 말고, 나쁜 콘텐츠를 막을 생각 말라. 나쁜 콘텐츠를 막지 않으면 좋은 콘텐츠는 저절로 나온다. 플랫폼이라는 놀이터를 만들어 주고 누구나 실컷 뛰놀게 내버려두면 무한한 콘텐츠가 만들어진다. 콘텐츠의 우수성과 다양성은 저속에 대한 포용, 금기를 넘어서는 시도에 힘입은 결과다.

콘텐츠 시대의 예술작품

조영일

조영일 　　『가라타니 고진과 한국문학』,『세계문학의 구조』등을 쓰고,
『세계사의 구조』,『존재론적, 우편적』등 여러 권의 책을 옮겼다.

[주요어] #정보처리 #가속의시대 #오타쿠
[분류] 문학 > 문학비평

"콘텐츠는 향유의 대상이 아니라
소비의 대상으로,
소비에서 중요한 것은 가속이다.
20세기가 무의식을 발견한
감속의 시기였다면,
21세기는 데이터를 대량으로
소비하는 가속의 시대다."

콘텐츠가 오늘날과 같은 의미로 처음 등장했을 때 그것은 단수형인 콘텐트(content)였다. 1994년의 일로,[1] 하루키식으로 말하자면 커트 코베인이 자살을 하고 김건모의 「핑계」와 투투의 「일과 이분의 일」이 대히트를 치고 성수대교가 무너진 해다. 하지만 1994년은 무엇보다 인터넷 상용 서비스가 시작된 해였다.

콘텐츠라는 신조어가 비교적 빨리 정착될 수 있었던 것은 인터넷의 보급, 즉 정보통신의 발달과 직접적인 관련이 있다. 네트워크란 끊임없이 무언가를 이동시켜야 비로소 스스로를 정당화할 수 있기 때문이다.

[1] 「후지쯔 그룹 야마모토 다쿠마 회장에 듣는다: "멀티미디어 물결 전산업 파급"」,《매일경제》, 1994년 12월 9일 자.

미국을 중심으로 1995년부터 시작된 IT버블은 김대중 정부가 쏟아 낸 벤처기업 육성책 덕에 한국에서도 서서히 부풀어 오르기 시작했다. IT, 벤처, 인터넷, 디지털이라는 단어만 들어가면 주가가 폭등했다.

흥미롭게도 복수형 콘텐츠를 한국과 같은 의미로 사용하는 나라는 일본이 유일하다.[2] 일본에서도 1995년을 전후로 이 단어가 광범위하게 사용되었다. 1995년의 9월 28일 서울에서 열린 제10회 '한일 하이테크 세미나'에서 당시 세가의 부사장이었던 이리마지리 쇼이치로(入交昭一郎)는 "멀티미디어는 하드웨어, 네트워크, 콘텐츠 등 3극으로 구성"되어 있는데, 그중 콘텐츠의 중요성이 증가하고 있다고 주장했다.[3]

콘텐츠의 본질

콘텐츠는 처음에 새로운 미디어나 네트워크를 통해 유

---

[2] 중국에는 이에 해당하는 표현 자체가 아예 없는데, 굳이 같은 의미를 찾자면 '문학상품' 정도다.
[3] 「영상산업 육성이 멀티혁명 관건」, 《매일경제》, 1995년 9월 27일자.

통·소비되는 디지털 정보나 자료를 의미했지만, 그 의미가 점점 확대되더니 문화산업 전체를 가리키는 말이 되었다.[4] 「문화산업진흥기본법」은 "'문화상품'이라 함은 문화적 요소가 체화되어 경제적 부가가치를 창출하는 유·무형의 재화(문화 관련 콘텐츠 및 디지털문화 콘텐츠를 포함한다.)와 서비스 및 이들의 복합체를 말한다."라고 규정한다. 그런데 기존 창작자들은 이 단어에 호의적이지 않았다. 그리고 이곳저곳에서 주최하는 콘텐츠 공모전을 보면 주로 영상물이나 웹툰 같은 것을 가리킬 뿐이다. 기존의 예술들은 하나같이 콘텐츠라는 단어를 못마땅해한다. 무엇이 그들을 그토록 불편하게 만드는 것일까?

　　물론 이전에도 예술의 상업화 문제는 존재했다. 하지만 적어도 상업적 가치와 예술적 가치는 별개로 보았다. '문화산업'이나 '문화상품'이라는 말을 탐탁지 않게 생각한 것은 그 때문이다. 심지어 상업적 성공은

---

[4]　현재 우리는 교육 콘텐츠, 아동 콘텐츠, 여행 콘텐츠라는 말을 사용한다. 이때 콘텐츠는 기존 '-물(物)'의 의미에 가깝다. 이 '-물'은 일본어 'もの'에서 온 것으로 보이는데, 이에 해당하는 우리말로는 '내용이 될 만한 재료'를 뜻하는 의존명사 '-거리'를 들 수 있겠다. 볼거리, 읽을거리, 논문거리, 들을거리, 반찬거리 등등.

대중과의 야합이라고까지 비난했다. 하지만 1990년대에 들어서자 사정은 크게 바뀌게 된다. 베스트셀러는 대중과의 소통에 성공한 작품으로 칭찬받는다.

무엇이든 일단 콘텐츠라고 불리기 시작하면, 그것이 가진 의미는 경제적 부가가치에 의해 결정된다. 그 이외의 것(예컨대 예술적 가치)은 부산물에 불과하게 된다. 즉 콘텐츠에서 중요한 것은 역설적이게도 내용(content)이 아니라 유통인 셈이다. 최근 레거시 문학을 시대에 뒤처진 것으로 간주하고 웹소설이나 웹툰이 가진 의미를 강조하는 사람들이 적지 않은데, 이때 그들이 문제 삼는 것들은 모두 상업적 성공을 거둔 작품들이다. 그럴 수밖에 없는 게 잘 유통되는 작품을 다루어야 그 글 역시 주목받는 콘텐츠로 유통될 수 있기 때문이다. 유통에 성공하지 못한 콘텐츠는 가치가 없다.

유통력이 뛰어난 작품들의 문학적 가치는 물론 사안별로 판단할 문제다. 현시점의 한국평단에서 시급하게 다뤄 볼 사안 중 하나는 무라카미 하루키를 이 맥락에서 어떻게 자리 매기느냐는 문제일 것이다. 나 자신은 그의 작품을 읽은 게 워낙 적어서 이 문제를

조영일

감당할 처지가 못 되는데, 예컨대 댐로쉬 등이 편찬한 The Longman Anthology of World Literature: Compact Edition(2008) 같은 교재에 무라카미가 (그것도 일본 작가로는 유일하게) 포함된 것을 문학적 성취에 대한 정당한 인정으로 볼지 아니면 유통 능력(문학적 재능도 물론 일정하게 작용한)의 성공사례라는 면에 더 주목할지는 진지한 문예비평적 판별을 요한다.[5]

문학평론가 백낙청은 하루키 문학의 세계적 성공을 이야기하면서 '유통력'이라는 표현을 사용한다. 이는 하루키의 성공을 '문학적 성취'로 이야기하는 것에 의문을 제기하는 태도로, 그의 눈에 하루키 문학이란 '예술작품'이라기보다는 '콘텐츠'였던 게 아닐까 한다. 영화감독 마틴 스코세이지는 마블 영화를 두고 시네마가 아니라 테마파크에 불과하다고 말해 큰 논란을 불러일으켰다. 이에 프랜시스 포드 코폴라가 똑같은 영화를 반복해서 봄으로써 무엇을 얻는지 모르겠다며 비

[5] 백낙청, 「세계화와 문학: 세계문학, 국민/민족문학, 지역문학」, 《안과밖》(2010년 제29호), 19쪽.

판에 동참했다. 두 거장의 비판 역시 다음과 같이 요약할 수 있다. 마블 영화는 시네마가 아니라 콘텐츠다.

디지털 식민지의 주민들

영화 「인 타임(In Time)」에서처럼 인간은 주어진 시간을 모두 사용하면 죽는다. 즉 산다는 것은 시간을 사용한다는 의미로, 우리는 그것을 통해 다양한 방식으로 이 세계에 흔적을 남긴다. 인간의 삶이란 결국 '시간을 소비함으로써 데이터를 생산하는 것'이라고 말할 수 있다. 어딘가로 움직이고, 무언가를 보고 듣고, 구입하고, 결정하고, 의견이나 감정을 표명하고, 누군가를 사귀고, 일을 하고 세금을 낼 때 우리의 생각, 취향, 감정, 수입, 정치적 태도 등은 데이터 형태로 영구적으로 남는다.

문제는 이렇게 만든 데이터의 소유자가 우리가 아니라는 데 있다. 그것(그중 일부는 '개인정보'로 불리기도 한다.)을 소유하는 것은 기업이나 정부다. 그들은 특정 서비스나 편의 제공을 명분으로 대량의 데이터를 긁어간다. 그리고 그렇게 수집한 데이터를 통계화하고 모

조영일

델링해서 통치에 사용하거나 알고리즘화해서 물건을 팔거나 콘텐츠를 유통시킨다.

우리는 데이터 생산자이지만 콘텐츠 소비자이기도 하다.[6] 콘텐츠 제공자에게 중요한 것은 빠르고 반복적으로 그것이 유통되도록 하는 것이다. 이를 위해 우리도 미처 의식하지 못한 영역에 접근하고자 노력해 왔다. 지난 세기 광고업자들은 소비자에 대해 아는 게 그리 많지 않았다. 따라서 특정 성별이나 세대 또는 직종이나 계급을 타깃으로 삼았다. 하지만 콘텐츠 시대 광고업자들은 역설적이게도 소비자보다 더 많이 소비자에 대해 알고 있다. 따라서 소비자의 욕망보다 한발 앞서 그에 맞는 상품이나 콘텐츠를 제공한다. 의식되기 전에 욕망의 정체를 우리 앞에 들이민다. 어떻게 이런 일이 가능할까? 우리의 무의식에 접속하고 있기 때문이다.

무의식이 데이터라면 이것의 알고리즘화가 의식이다. 비록 가공된 의식이지만 소비라는 행위는 그것

[6] 데이터, 정보, 콘텐츠는 종종 혼용되고 때론 구별하기 힘들지만, 굳이 구분해서 데이터와 정보는 그 자체로는 어떤 가치도 없는 원소스에 불과하다면, 그것을 가공한 콘텐츠는 '팔 수 있는 상품'이라 하겠다.

을 주체의 의식으로 실체화한다. 우리가 콘텐츠라는 형태로 주어진 욕망을 자유의지로 착각하는 것은 그 때문이다. 콘텐츠 시대에는 사생활을 드러내고 욕망을 전시하는 것이 미덕이다. 관심을 받는다는 것은 누군가와 연결되어 있다는 것을 뜻하기 때문이다. 초연결 사회라는 유토피아는 여기서 등장한다.

소위 관심경제는 끊임없이 생산되는 데이터에 의해 유지된다. 하지만 연결되면 될수록, 즉 데이터를 생산하면 할수록 우리는 더욱 취약해질 뿐이다. 우리의 데이터는 우리의 소유가 아니기 때문이다. 이제 어느 누구에게도 잊힐 권리 같은 것은 없다. 우리가 사라져도 우리의 데이터는 영원히 남게 된다. 이런 '디지털 식민지'에 거주하는 우리가 할 수 있는 일은 그저 콘텐츠 소비뿐이다.

감속의 시대에서 가속의 시대로

발터 벤야민에 따르면 20세기는 영화의 시대이자 정신분석의 시대였다. "정신분석을 통해 충동적 무의식을 알게 된 것처럼, 영화를 통해 비로소 시각적 무의식을 알게 되었다."[7] 일상의 대화에서 우리는 작은 말실수 정도는 깨닫지 못하고 지나간다. 그런데 프로이트는 이런 노이즈에 주목해 의식적 커뮤니케이션과는 별도로 작동하는 심층 영역인 무의식적 커뮤니케이션을 발견한다. 어떻게? 슬로모션처럼 속도를 늦춤으로써다. 그런데 벤야민이 보기에 이는 정확히 영화에도 해당된다. 영화는 우리가 보는 것과 같은 세계를 보여 주지 않는다. 대상을 클로즈업이나 플래시백 함으로써, 또는 고속 촬영을 사용함으로써 맨눈으로는 결코 보지 못하는 세부를 펼쳐 보임으로써 우리를 전혀 다른 공간으로 이동시킨다.

20세기는 의식과 무의식의 정보처리 속도의 어긋남을 사고한 100년이었다.[8] 정신분석에서 환자의 무의식에 접속하는 것은 분석가의 무의식으로, 이때 사용되는 방법이 소위 자유연상 기법이다. 환자의 무의식은 일단 분석가의 무의식에 기록되고, 분석가는 사

[7]　발터 벤야민, 심철민 옮김, 『기술적 복제시대의 예술작품』(도서출판b, 2017), 81~82쪽.
[8]　東浩紀, 「精神分析の世紀, 情報機械の世紀」, 『郵便的不安たちβ』, 朝日文庫, 2002, 182頁(아즈마 히로키, 「정신분석의 세기, 정보기계의 세기」, 《비평구독》, 2021년 6월호) 참조.

후적으로 그것을 분석함으로써 환자의 무의식에 대해 알게 되는데, 이는 마치 시각적 데이터가 필름에 기록되고 이후 그것을 편집하는 과정을 통해 한 편의 영화가 만들어지는 과정과 유사하다.

벤야민의 말처럼 우리는 정신분석과 영화를 통해 비로소 '세부'를 볼 수 있게 되었다. 그런데 감속을 통해 발견된 세부란 어디까지나 분석가나 영화감독에 의해 제시된 것에 지나지 않는다. 환자나 관객에게는 속도를 바꿀 권리가 주어지지 않기에 편집되거나 해석된 분석/영상을 볼 뿐이다. 그런 의미에서 이들은 그 자체로 또 하나의 고정된 시간물이라 할 수 있다. 10년간의 이야기를 2시간으로 압축한 영화든 30분 동안의 이야기를 2시간으로 늘린 영화든 모두 2시간이라는 절대시간을 필요로 한다. 하지만 콘텐츠 시대를 사는 우리는 2시간짜리 영화를 1시간 만에 볼 수 있고 언제든지 지금 보고 있는 장면에서 10초씩 건너뛸 수 있다. 이제 속도를 조절하는 것은 분석가나 감독이 아니라 소비자인 셈이다.

이런 자의적 속도 조절은 반예술적인 행위라고 영화감독이나 평론가들은 분노를 드러낸다. 한 영화가 특정 장면을 지루하게 묘사한다면 그것은 단순히 시간 끌기가 아니라 어떤 예술적 의도를 담고 있다. 따라서 상영시간을 온전히 사용할 때 제대로 영화를 이해할 수 있다는 것이다. 러닝 타임은 결코 자의적으로 조절해서는 안 되는 절댓값인 셈이다. 그렇다면 유튜브나 넷플릭스는 왜 그런 기능을 굳이 집어넣은 것일까? 여러 가지 이유를 말할 수 있겠지만, 간단히 말하면 예술작품이기 이전에 콘텐츠이기 때문이다. 콘텐츠는 향유의 대상이 아니라 소비의 대상으로, 소비에서 중요한 것은 가속이다. 20세기가 무의식을 발견한 감속의 시기였다면, 21세기는 데이터를 대량으로 소비하는 가속의 시대다.

콘텐츠의 소비자이자 생산물인 우리

예술작품에는 소유 개념이 존재하지만, 콘텐츠에는 존재하지 않는다.[9] 그것은 그저 소비될 뿐이다. 콘텐츠

[9] 다만 국내 서점에서 구입한 전자책은 어떤 형태로든 양도가 불가능하다. 사후 가족에게 물려주거나 할 수 없다. 사실상 대여에 불과하다.

가 처음 등장했을 때 가장 큰 문제는 저작권이었다. 영화나 음악의 경우 디지털 형태로 쉽게 복제와 공유가 가능하다는 점에서 크게 우려되었다. 실제 당시 P2P 공유가 성행했다. 하지만 이는 콘텐츠를 소유 개념으로 바라보았기 때문에 생긴 오해다. 스포티파이 시대에 음악 파일의 공유는 도리어 불편하고 매우 비효율적인 행위가 되었다.

콘텐츠 시대에 중요한 것은 소유권이 아니라 접속권이다. 접속권만 있으면 제한된 시간에 얼마든지 듣고 볼 수 있다. 이는 예술작품에 대한 인식을 크게 변화시켰다. 소유 개념에서 경제적 소비란 원래의 가치보다 싸게 사는 것을 의미한다. 이에 반해 콘텐츠 시대에 경제적 소비란 제한된 시간에 최대한 많은 콘텐츠를 소비하는 것이다. 이제 가치는 소유에 의해 보장되지 않는다. 도리어 가치를 하락시킨다. 디지털 기술은 물건(시디, 비디오테이프, 책)에 저장된 데이터보다 편의성이나 질적인 면에서 우수하고 보관 비용도 매우 낮다. 물론 페티시즘에 집착하는 수집가는 앞으로도 계속 존재할 것이다. 이들에게 가성비는 의미가 없기 때문이다.

콘텐츠 공급자들의 목표는 좋은 작품을 제공하는

것이 아니다. 소비자가 좋아하고 좋아할 것이라고 생각되는 콘텐츠를 제공하는 것이다. 이를 위해 그들은 우리의 데이터를 적극적으로 사용한다. 한 편의 영화를 보면 그와 유사한 영화를 계속해서 추천한다. 취향을 분석해 최적화된 콘텐츠를 서비스한다. 그것도 엄청난 물량으로. 좀비물이 인기 있으면 유사한 작품을 계속 제작하고, 이에 싫증을 내고 한국드라마를 시청하면 한국 제작사에 적극적으로 투자한다. 구독을 유지시켜야 하기 때문이다.

그런 의미에서 복제되는 것은 예술작품이 아니라 콘텐츠를 소비하는 우리들인지 모른다. 콘텐츠는 우리로 하여금 끊임없이 자신의 취향을 복제하게 만든다. 이는 비단 문화적 취향에 국한된 문제가 아니다. 정치적 입장도 끊임없이 복제되고 고착화된다. 선호 콘텐츠만 계속 추천하는 알고리즘 속에 있기에 애당초 입장이 다른 콘텐츠를 만날 기회가 적다. 그리고 그렇게 특정 진영에서 생산되는 콘텐츠만을 소비하다 보면 해당 콘텐츠의 볼모가 되기에 이른다. 스스로 판단하는 일을 멈추면 세상은 간단명료해지는 법이다. 그럼에도 소비자 개개인은 자신의 생각이나 판단으로 선택한 것이라 여기고, 심지어 자신의 입장이 객관적이고 공정하다고 여긴다. 우리 자신이 특정 콘텐츠의 생산물일 수 있다는 사실에 대한 자각이 없다.

오타쿠와 전문가의 종언

콘텐츠라는 말이 등장하기 전 문화상품은 비쌌고 종류도 그리 많지 않았다. 따라서 그것을 즐기기 위해서는 적잖은 시간과 노력이 필요했으며, 그렇게 얻은 경험은 매우 소중한 것이었다. 소위 오타쿠는 이런 배경 없이는 불가능했다. 즉 문화 소비에 적잖은 자발성이 요구되었기 때문에 자신의 문화적 취향을 하나의 태도로 정립할 수 있었다.

콘텐츠 시대에는 그와 같은 것이 불가능하다. 유행이 교체되는 속도와 감당하기 힘든 물량은 특정 취향이 하나의 독립적 태도로 성립하는 것을 용납하지 않는다. 그런 의미에서 콘텐츠 시대란 '오타쿠의 종언'을 뜻하기도 한다. 하지만 어떤 의미에서 이제 우리 모두가 오타쿠라고 말할 수도 있다. 유행에 뒤처지지 않기 위해서는 드라마 한 시즌을 1시간으로 요약한 영상으로 시청하기도 한다. 그렇게라도 하지 않으면 계속해서 등장하는 콘텐츠의 물결을 감당할 수 없기 때문이다. 오늘날 우리는 소위 전문가들보다 더 많은 영화를 보고 더 다양한 음악을 듣는다. 과거에는 발품을 팔아야 어렵게 볼 수 있었던 영화도 이제 터치 몇 번으로 손쉽게 볼 수 있다. 그러고 보면 전문가란 특정 자료에 배타적으로 접근할 수 있는 사람을 가리키는 말에 불과한지도 모른다. 이제 영화 비평은 평점 매기기로 축소되었고, 그마저 관객의 평점보다 권위를 가지고 있지도 못하다. 영화잡지 《키노》 시대는 이미 먼 과거가 된 것이다.

1993년 「서편제」는 개봉 204일째 되던 날 관객 100만 명을 돌파한다. 한국영화로서는 처음이었다. 그리고 10년 후 「실미도」가 개봉 58일째 관객 1000만 명을 돌파한다. 이후 우리는 26편의 천만 영화(해외 영화 포함)를 가지게 된다. 그리고 2021년 「오징어 게임」은 단 17일 만에 1억 1100만 가구가 시청한다. 전체 가입자(2억 900만)의 무려 절반 이상이 시청한 셈이다. 「오징어 게임」이 이토록 짧은 시간에 엄청난 성공을 거둔 이유는 무엇일까? 이에 대한 답은 콘텐츠 시대 예술작품의 의미에 관한 물음으로 연결된다.

벤야민은 역사의 전환기마다 인간의 지각기관이 직면하는 과제는 습관화를 통해 해결가능하다고 주장한다. 그러면서 예술작품에 대한 정신 분산적 수용을 숙련화하는 최적의 도구로 영화를 든다. 영화관에서는 어떤 주의집중도 필요하지 않다고 보기 때문이다. 그런데 이런 주장은 다소 황당하다. 영화관만큼 주의 집중을 요하는 공간도 없기 때문이다. 상영 시간부터가 보통의 예배보다 길다. 설교는 길어야 30분이며 신도들은 찬송을 부르거나 아멘을 외친다. 그런데 관객은 1시간 30분 넘게 침묵을 지키며 스크린에 주목해야 한다. 주위는 옆 사람의 얼굴을 확인할 수 없을 정도로 어둡다. '제의적 가치'가 물러나기는커녕 극대화되는 공간이다. 이 점을 가장 효율적으로 사용한 이들을 생각할 때 영화는 20세기의 비극으로부터 자유롭지 않다.

영화가 특정 공간에서 집단적으로 수용된다면 콘텐츠는 모든 공간에서 개인적으로 수용된다. 이런 의미에서 콘텐츠는 1979년에 등장했다고 말할 수 있다. 1979년은 하루키의 첫 소설이 발표된 해이지만 워크맨이 출시된 해이기도 하다. 이후 우리는 음악을 어디서

조영일

든, 홀로 들을 수 있게 되었다. 배경 음악이 깔린 세상을 발견한 것이다. 하루키 소설이 가진 독특함은 관객이라는 대중으로부터 멀리 떨어져 있다는 데 있다. 그의 주인공들은 혼자 묵묵히 눈을 치울 뿐이다. 때로는 집중하면서 때로는 분산되면서.

'되는 이야기' 만드는 법

정민경

정민경   2015년 첫 직장으로 미디어전문지《미디어오늘》에 기자로 입사했다. 방송사와 언론사 등을 취재하다가 8년 차인 지금은 특정 출입처 없이 문화콘텐츠 담당 기자로 일하고 있다. 잘 만든 콘텐츠를 보면 내 안의 냉소와 게으름이 사라지는 걸 느낀다. 그래서 삶의 동력을 주는 콘텐츠를 보면서 열심히 살고 싶어 한다. 비판을 잘하는 사람들은 너무 많아서, 내가 좋아하는 것들을 두고 왜 좋은지 잘 쓰는 사람이고 싶다.

[주요어] #뉴스거리 #콘텐츠크리에이터 #미디어비평
[분류] 언론정보학 > 미디어비평

"결국 좋은 콘텐츠란
삶에 하나의 선택지를
더하는 일이다.
어떤 방향이든 한쪽의 관점만
강화하는 콘텐츠가 아니라
또 하나의 상상력을
더하는 것이 좋은 콘텐츠다."

콘텐츠란 나에게 '기삿거리가 될 수 있는 것'이다. 기삿거리가 된다는 말을 언론업계에서 자주 사용하는 용어로 표현하면 '얘기가 된다'고 한다. 매일 발제 거리를 찾아 헤매는 기자들이 겨우 찾은 아이템을 데스크에 들이밀면 돌아오는 말은 얘기가 된다 또는 얘기가 안 된다 둘 중 하나다.

최근에는 BTS의 미국 라스베이거스 콘서트에 BTS의 소속사인 하이브가 연예부 기자 등 100여 명의 팸투어(Fam tour, 기업 등에서 홍보를 위해 미디어나 인플루언서 등을 초청해 진행하는 여행) 비용을 지원한 일을 기사로 썼다. 누군가는 소속사에서 기자들에게 한국과 미국을 오가는 항공권, 3박 5일 동안의 숙소 및 식사와 코로나19 검사 비용을 지원한 것이 왜 얘기가 되느냐, 흔한 일 아니냐고 생각할 수도 있다. 하이브 측도 취재를 위한 통상적이고 일률적인 지원은 청탁금지법의 예외에 해당되기에 법 위반이 아니라고 주장하고 있다. 그런가 하면 청탁금지법 적용 대상에 언론인이 포함된 이래 이 정도 대규모 기자단 투어는 매우 이례적이며, 이 사례가 청탁금지법의 예외에 속하는지는 따져 봐야 한다는 의견도 있다. 게다가 BTS의 병역 특례 문제로 예민한 시기라 팸투어 기간 동안 기자간담회에서도 관련 발언이 나와 수많은 기사가 쏟아졌다. 뉴스의 이면을 취재하는 미디어비평지로서 '얘기가 되는' 사례라고 판단해 기사를 썼다.

'얘기가 되는 것'은 세 가지를 포함해야 한다. 시간적으로 적절하고, 독자들의 관심을 끌 수 있으며, 다루는 사안에 대해 특정한 관점을 갖게 할 만한 것. 첫 번째 정의는 '새로운 것(new+s)'을 뜻하는 뉴스콘텐츠의 핵심이고, 두 번째 조건인 독자의 관심을 끌어야 한다는 것도 별다른 설명이 필요 없어 보인다. 세 번째로 특정한 관점이 있는 이야기라고 해서 꼭 그 관점이 하나로 정해진 것은 아니다. 여러 관점을 펼칠 수 있을 만한

정민경

주제를 건드리면 된다. 기자는 이런 조건들을 갖춘 얘기를 캐내 와야 한다. 매일매일.

기자, 피디에서 콘텐츠 크리에이터로

2000년대 초반 시작된 포털사이트의 뉴스 서비스가 완전히 자리 잡고 2010년대 중반으로 넘어서면서 방송사들은 유튜브, 틱톡, 인스타그램 등 새로운 플랫폼의 등장과 변화에 맞춰 새로운 채널을 개설하고 브랜드화하기 시작했다. 비디오머그, 스브스뉴스, 듣똑라, 시리얼 등이 대표적인 채널이다. 뉴스가 신문 지면과 9시 뉴스로 대표되는 방송사의 메인뉴스로 한정되던 관행이 변한 것이다. 이제 언론 콘텐츠는 신문과 방송사 메인뉴스뿐 아니라 인터넷 신문사가 생산하는 온라인 기사, 언론사가 만드는 유튜브 영상과 언론사 기자가 개별 팀을 꾸려 만드는 각종 영상, 뉴스레터, 페이스북에 올리는 기사 소개글, 인스타그램 게시물 등으로 확대됐다. 신문사나 방송사가 만드는 콘텐츠의 종류가 다양해졌으며 콘텐츠를 만드는 주체들도 하루가 다르게 늘어나고 있다. 영상 제작사, 케이블TV, 통신사, 넷플릭스를 대표로 하는 수많은 OTT 기업들, 포털사들도 자체 콘텐츠를 만들고 있다.

이렇다 보니 기존 방송사와 신문사들은 다양한 플랫폼에 맞춰 콘텐츠의 형식을 변화시켜야 하는 상황이 됐다. 기존 언론들이 다양한 플랫폼에 콘텐츠를 '납품' 하는 상황도 많아졌다. 그래서인지 언론은 이제 기자나 피디를 '콘텐츠 크리에이터'라고 부른다. 이미 언론계에서는 기존의 기자, 피디 역할을 넘어서는 디지털 콘텐츠 크리에이터를 찾아온 지 오래다. 2022년 초 기독교방송사 CBS는 기자나 피디가 아닌 콘텐츠 크리에이터를 모집한다는 채용공고를 냈다. "정형화된, 우리가 아는 기존 관념을 뛰어넘는 역할이 필요하다. 시사 보도든 방송이든 다양한 형태 콘텐츠를 만들어 내는 것이 기자와 피디의 업무"라는 설명이었다.[1]

플랫폼의 다양화에 더해 언론사 광고가 점점 쪼그라들어 언론 기업이 적은 돈으로도 수익을 끌어올리려는 상황이 이러한 흐름을 가속화했다고 볼 수도 있다.

[1] 「기자·피디 구분 없이 '콘텐츠 크리에이터' 채용 CBS 신입공채 눈길」,《미디어오늘》2022년 2월 24일 자.

기업은 하나의 이야기를 캐내서 여러 곳에 뿌릴 수 있는 원소스 멀티 유즈를 원하기 때문에 하나의 이야기를 콘텐츠라고 칭하며 여러 형태로 가공한다. '기자는 기사만 쓰는 게 아니라 이 일도, 저 일도 해야 돼.'라고 생각하는 입장에서는 기사를 콘텐츠라고 부르기를 더 선호할 수도 있다.

포털 뉴스의 조회 수가 곧 회사의 수익으로 직결되는 환경에서 일부 기자들은 하루에 수십 개의 기사를 쏘기도 한다. 2021년 포털사이트 네이버에 등록된 기자 7600명의 기사 작성 건수를 수집해 분석했다. 한 연예부 기자는 30일간 1212건의 기사를 작성했는데, 이는 하루에 50~60건의 기사를 썼다는 의미다. 기자는 연예인의 인스타그램 업로드 소식이나 연예인이 방송 프로그램에 나와서 한 발언 등을 기사로 송고했다.[2] 어쩌면 기자 입장에서도 기사 대신 콘텐츠라는 표현을 사용하면 양질의 기사를 작성하기보다 기사의 양에 집중하는 데 대한 죄책감을 덜 수도 있을 것이다.

기사를 더 많은 이들에게 가닿게 하려는 시도 자

[2] 「기사! 정말 많이 쓰는 대한민국 기자들」, 《미디어오늘》 2021년 7월 8일 자.

체를 비판할 일은 아니다. 기자는 어찌 됐든 자신이 발굴한 이야기를 많은 사람에게 다양한 통로를 통해 전할 의무가 있다. 애초에 자신이 캐낸 이야기를 사람들에게 들려주고 싶어서 기자라는 직업을 선택한 것이 아니던가. 일기장이 아니라 공론장에 글을 던지고 싶어서 기자가 되기를 선택한 것 아닌가. 그렇다면 자신이 만든 콘텐츠와 잘 맞는 통로를 찾아 유통하는 일이 지금 기자의 역할이라 할 수 있다.

최근 많은 언론인들은 기사를 작성하는 시간을 줄여서라도 뉴스레터를 작성하고, 회사 SNS와 함께 자신의 SNS에 기사를 올리고 브런치 같은 플랫폼을 통해 취재기를 작성하기도 한다. '기자는 기사로 말해야지!'라고 생각하며 새로운 얘기를 캐내야 한다는 생각에만 사로잡혀 있기보다는, 자신이 이미 캐낸 이야기를 널리 퍼뜨릴 줄도 알아야 한다는 생각이 퍼졌다. 어떤 매체에 속해 있는가보다 기자 개인이 어떤 기사를 썼는지가 더 중요해진 시대다. 기자 개인의 브랜드가 독자에게 각인될 기회가 많아졌다. 기자가 훗날 회사를 떠나서도 말 그대로 콘텐츠 크리에이터로 살려면 이러한 흐름을 알아야 한다.

　　　　　　　　정민경

쏟아지는 부동산 콘텐츠에
선택지 추가하기

자신이 만든 콘텐츠에 더 알맞은 형식을 취사선택하는 것은 이야기를 들려주는 사람의 능력이다. 언론인도 신문과 방송의 전통적 형식을 따를 필요는 없다. 나는 더 효과적인 형식을 택한 미디어 업계 사람들의 취재기를 발굴하려고 한다. 어떤 내용을 특정한 형식에 담기까지 무슨 고민을 했는지를 듣고 싶기 때문이다.

한국에서 가장 뜨거운 이슈 중 하나인 부동산 이야기로 예를 들어 보겠다. 뉴스판은 연일 부동산 이야기로 떠들썩하다. 대선 결과를 분석하는 기사에서는 현 정부의 부동산 정책에 대한 평가를 대선 결과의 주요 요인으로 지적하고, 공직자들의 아파트 목록과 시세 차익들을 전달하는 기사들이 쏟아져 나온다. 지난해 연말 한국언론진흥재단이 발간한 연구에서 부동산 보도 관련 설문 조사를 진행했는데, 문제적 부동산 보도 행태로 '서울 강남 3구 위주의 보도', '부동산을 주거 복지 관점이 아닌 자산 가치로만 보는 보도' 등이 꼽혔다.[3] 한 언론 전문가는 바람직한 부동산 보도에 대한 기준 없이 보도를 쏟아 내니 어떤 때는 집값이 올랐다고 부정적으로 표현하면서 어떤 때는 자산 소득을 높일 수 있는 기회라고 보도하는 등 모순된 양상이 드러났다고 지적하기도 했다.[4]

언론 보도뿐 아니라 예능 프로그램에서도 화폐화된 아파트를 가격 위주로 골라 주고, 스타의 사생활을 보여 주면서 부동산으로 시세 차익을 얻은 비법을 전달한다. 이러한 부동산 콘텐츠들은 유용한 '정보'가 되기도 하지만 삶에서 특정한 선택을 하지 않으면 안 될 것처럼 느껴지게 만든다는 점에서 특정한 '관점'도 전달한다.

한편 EBS 다큐멘터리 프로그램 「건축탐구 집」은 스스로 집을 짓는 사람들의 이야기를 풀어낸다. 출연자들은 나와 내 가족이 살 집의 대지를 직접 고르고 뼈대를 세워 집을 짓는다. 자신의 취향에 맞게 집을 꾸미고 자신의 생활 리듬에 맞게 리모델링을 하며 살아간다. 어떤 지역을 선택하게 됐는지, 왜 이 나무를 사용했

---

[3] 한국언론진흥재단, 「부동산 보도 현황과 개선방안 연구」(2021).
[4] 「정부 탓하며 강남만 쳐다보는 언론, "부동산 불안 주범"」, 《미디어오늘》 2022년 2월 5일 자.

는지, 왜 가구를 이렇게 배치했는지 등 하나하나 사연 깊지 않은 집이 없다. 「건축탐구 집」을 보면 특정한 지역이나 주거 형태에 집착하던 내 모습을 돌아보며 '나도 이렇게 살아 볼까?' 하는 생각이 든다. 집을 보는 다른 관점이 있는 콘텐츠다.

부동산 콘텐츠가 쏟아지는 요즘 이 프로그램을 통해 하고 싶은 말이 뭐냐는 나의 식상한 질문에 빈정현 EBS 피디의 답은 이랬다.

부동산 정책으로 연일 들썩들썩하고, 다들 '빚을 내서라도 아파트 한 채는 사야 하는데.' 하며 조마조마하고 늘 쫓기듯이 산다. 아파트를 향한 레이스에 올라서지 않으면 나만 도태되는 것 같은 느낌마저 든다. 행복을 위한 다양한 선택지들이 있는데, 늘 현재를 저당 잡힌다. 나부터도 그렇다. 그런 점에서 「건축탐구 집」에 나오는 다양한 주거의 형태는 결국 삶과 인생에 대한 다양한 선택지를 보여 주는 것 같다. 우연히 이 프로그램을 보고 '나는 어떻게 살아야 하는가', '어떻게 하면 더 행복해지는가', '나는 지금 잘 살고 있는가'를 한번 생각해 볼 수 있게 된다면 연출자로서는 더 바랄 게 없다.

그의 답변은 좋은 콘텐츠란 결국 시청자의 삶에 하나의 선택지를 더하는 일임을 알게 한다. 어떤 방향이든 한쪽의 관점만 강화하는 것이 아니라 또 하나의 상상력을 더하는 것이 좋은 콘텐츠다. 이야기란 적절한 시간에, 사람들이 관심을 가지는 주제에, 새롭거나 다른 관점을 추가하는 일이라는 것을 다시 한번 확인했다.

좋은 콘텐츠를 위한 좋은 비평 콘텐츠

안타깝게도 언론 비평은 자신들이 비평하는 대상처럼 전통적이고 관행적인 이야기를 캐내 왔다. 비평의 프레임 역시 고정되어 있다. 오보이거나 논란이 되는 보도에 대해 비판할 때 현장의 상황을 제대로 이해하거나 더 취재하지 않고 특정한 목소리에 기대기도 한다. 나 역시 맥락을 충분히 취재하지 않고 너무나 쉽게 비슷한 결론의 비평을 쓴 적이 있다. 플랫폼과 콘텐츠가

정민경

다양해진 만큼 비평의 대상이 늘어났지만 여전히 미디어비평의 주된 대상은 방송과 신문에 한정된다.

　　미디어비평지의 현장인 취재진들의 목소리를 더 많이 들어 봐야 한다는 것을 느낀다. 기자들의 목소리를 들어야 실수나 잘못이 반복되는 이유를 알 수 있고 그것이 개인의 문제인지 언론 시스템의 문제인지 판단할 수도 있다. 고질적 시스템이 문제의 원인이면 고치자고 해야 한다. 기자에게 요구되는 게 기사량이 아니라 현장 이야기이듯, 미디어비평지 기자로서 나는 취재 기자의 목소리를 더 많이 들어야 한다. 비평 역시 독자들에게 새로운 선택지를 더하는, 질 좋은 '콘텐츠'여야 하기 때문이다.

막힌 곳을 뚫는 과학

김찬현

김찬현　　　시민 단체 '변화를 꿈꾸는 과학기술인 네트워크(ESC)' 부대표. 유럽 원자핵 공동 연구소(CERN)의 반수소 원자 합성 연구에 참여해 석사학위를 받은 후 반도체 기업에서 소자 엔지니어로 일했다. 정치·사회와 과학의 관계 맺기에 관련한 정책 및 커뮤니케이션에 관심을 두고 활동 중이다.

[주요어] #과학커뮤니케이션 #과학문화운동 #기후위기
[분류] 과학기술학 > 환경문제

"잘 모르는 사람과
잘 모르는 지식에 대해
알아가는 과정은 굉장히 즐겁다.
사람과 사람이 만나서 소통하며
막힌 곳이 뚫리는 경험을 한다는 건
굉장히 상쾌한 체험이기 때문이다."

기후 재앙이라는 혜성이 다가오고 있다. 이 재앙은 산업 혁명 이래 인류가 배출한 온실가스에 기인한 것이다. 지구 평균 기온이 올라감에 따라 세계 곳곳에서 포착되고 있는 대형 산불과 폭염 등의 이상 징후는 앞으로 벌어질 일들에 비하면 아직 약과라는 것이 과학계의 중론이다.

최근 과학기술과 거리가 먼 구성원이 대다수인 회사의 아이스 브레이킹 시간에 멸종 위기에 처한 꿀벌 소식을 전한 적이 있다. 화면에 꿀벌 사진을 크게 띄워 놓고 "여러분, 꿀벌 100억 마리가 사라졌다는 뉴스 보셨어요?" 하자 사람들은 꿀벌 두 글자에 바로 반응했다. '산업 혁명 이래'로 시작하는 설명은 남 일 같지만 우리에게 친근하고 도움을 주는 동물 이야기에는 호기심이 든다. 이 위기가 기후변화로 인한 생태계 교란 때문일 가능성이 있다는 설명을 덧붙이고 기사를 공유하며 이야기를 나눴다. 꿀벌이 사라진 사연에 애석해하던 표정, 기후위기가 뉴스에 나와도 아직 먼일이라고만 생각했는데 경각심을 가지게 되었다는 감상이 따라 나왔다.

기후위기와 그 해결책에 관심을 가지는 보통 사람을 늘리려면 어떻게 해야 할까? 평소 과학 정치와 과학 커뮤니케이션에 관심을 두고 있는 나는 이 경험이 하나의 실마리가 될 수 있다고 보았다. 기후위기를 다루는 다양한 콘텐츠를 기획·제작하고, 여러 커뮤니티에서 그에 대해 이야기를 나눌 수 있도록 돕는 것, 이것이 작지만 나와 내 주변 사람이 함께할 수 있는 일이라고.

멸종 시계를 찬 사람들

2018년 10월, 기후변화에 관한 정부 간 협의체(IPCC)는 인간 멸종이라는 파국을 피하려면 지구 평균 기온이 산업화 이전 대비 1.5도 이상 오르지 않게 막아야

김찬현

한다고 발표했다. 당시 IPCC가 예측한 1.5도 상승 시점은 불과 몇 년 사이에 10여 년이 줄어 2022년 현재 2021~2040년도까지 앞당겨졌다.[1] 멸종 시계는 점점 빨리 가고 있다. 이처럼 섬뜩한 예측에도 사람들은 기후 재앙을 자기 문제로 여기지 않는다. 모든 사람이 행동해야 바뀔 수 있다는 기후과학자의 외침은 역설적으로 나 하나가 관심을 가져 봤자 크게 도움이 되지 않으리라는 생각을 낳는다.[2]

가까운 미래의 재앙을 남 일로 알았던 것은 나 또한 마찬가지였다. 물리학도이자 엔지니어 출신임에도 나는 2010년대 중반까지 지구 온난화라고 불리는 현상을 심각하게 여기지 않았다. 머리로는 좋지 않은 일이란 것을 알고 있었지만 생업이나 전공과 관련이 없으니 당장 눈앞의 심각한 문제로 받아들이지 않았던 것이다.

내가 기후위기의 심각성을 실감한 것은 ESC (Engineers and Scientists for Change, 변화를 꿈꾸는 과학

---

[1]　기상청 기후 정보 포털에서 이러한 내용이 담긴 AICC 제6차 평가 주기 제1실무그룹 보고서의 국영문 요약본을 확인할 수 있다. 기상청, 「기후변화 2021 과학적 근거」(2021).

[2]　정진영 외, 『일반인을 위한 기후변화의 과학과 정치』(경희대학교 출판문화원, 2019), 13쪽.

기술인 네트워크)라는 시민 단체의 발기인으로 참여한 데서 시작되었다.[3] 반도체 엔지니어를 그만두고 프리랜서로 과학기술 분야 통번역 일을 하고 있던 나는 고려대 공대 교수이자 ESC 초대 대표인 윤태웅의 권유로 초대 사무국장을 맡았다. 2019년 6월부터는 이사직을 겸직했는데, 이때 함께 선임된 전 국립과학기상원장 조천호와 활동하며 그의 영향을 많이 받았다.

그해 9월은 전 세계적으로 기후 파업 운동이 한창이었다. 한국에서도 '기후위기 비상행동'이라는 이름으로 연대하자는 각계 시민 단체들의 움직임이 일어나고 있었다. ESC가 과학기술 단체로서 새로 발기하는 연대체에 참여했으면 좋겠다는 제언이 나오자 이사 전원과 회원 다수가 찬성했다. 연대체 중 유일한 과학기술 단체인 ESC가 「기후위기의 과학적 사실」 자료집 작성

[3]   ESC는 과학기술의 합리적 사유 방식이 한국 사회에 뿌리내리도록 노력하고, 시민 사회와 연대해 지속 가능한 미래를 설계하자는 취지에 공감하는 사람들이 모여 2016년에 설립한 단체다. 과학·공학 분야에서 일하는 연구자, 저술가, 기자, 교사부터 인문·사회·법·예술·문화 분야에 속한 사람들까지 500여 명의 회원이 참여 중이다. ESC 회원들은 서로를 부를 때 친근함과 존중의 의미를 담아 직함 대신 '님'자를 붙이는데 이 글에서는 생략했다.

을 맡았다.[4] 기후위기를 고민해 온 회원들과 세미나를 하면서 이전까지 별 생각 없이 바라봤던 기후변화가 비로소 근 미래의 생존과 연결되는 중차대한 일로 다가왔다. 해수면이 상승해 많은 이들이 살 터전을 잃는 장면, 농지가 바짝 말라 난민과 기아 문제가 지금보다 더 심각해진 미래가 보였다. 이 사태는 안보 위기로 이어질 수도 있었다.

한편 회원으로서 깊어진 고민도 있었다. 각기 다른 전문성과 시각을 지닌 과학기술 전문가의 의견을 어떻게 수렴할 것인가. 기후위기에 대응하는 중요한 방법으로 꼽히는 '에너지 전환'에 관한 시나리오만 하더라도 원전을 완전히 폐지할 것인가, 에너지 산업 구조 전환의 완충 역할을 할 에너지원으로 두고 점진적으로 축소할 것인가 하는 데에서 큰 방향이 갈린다. 한국의 기후와 지리 환경에서 태양광 발전과 풍력 발전을 어디에 어떤 식으로 배치할 것인지의 문제 역시 모두 숙의가 필요한 주제였다. 그러나 더 많은 사람에게 기후위기의 심각성을 전달할 효과적인 방법을 찾는 것

[4] ESC, 「기후위기의 과학적 사실」(2010).

이 무엇보다 중요하고 시급했다. 탄소 저감 계획에 대한 실질적인 공감대가 마련되지 않는 이상 그 뒤의 논의가 무용해질 것은 자명했다.

2019년 9월 21일 전국 11개 도시에서 기후위기 비상행동 연대 시위가 열렸다. 회원 20여 명과 함께 서울 혜화동에 나갔다. 과학 교사 한문정이 과학계 대표로 선언문을 낭독했고, 불타는 지구본 모형을 나르며 종로까지 행진하다가 5000여 명의 시민이 다 함께 바닥에 드러눕는 '다잉 퍼포먼스'를 선보였다. 콘크리트 바닥에 등을 대고 누우니 눈부시게 파란 하늘이 보였다. 아주 잠깐 그간의 활동에 대한 감상에 젖었다가, 곧바로 이런 노력이 어느 정도 효과가 있을까에 대한 걱정이 물밀듯이 밀려들었다. 우리가 더 할 수 있는 방법은 없을까?

「돈 룩 업」과 성공하는 콘텐츠의 조건

사람들에게 미치는 영향력을 생각할 때 아무래도 많은 이들이 본 콘텐츠를 생각하지 않을 수 없다. 2021년 말 개봉한 넷플릭스 오리지널 콘텐츠 「돈 룩 업」은 공개

일주일 만에 1억 5200만이 넘는 시청 시간을 기록했다. 다가오는 재앙에 대처하는 현대 사회의 웃지 못할 자화상을 풍자한 이 작품을 두고 일각에서는 기후위기의 심각성을 혜성 충돌의 은유로 참신하게 표현했다고 평가했다.

탈맥락과 탈진실로 가득찬「돈 룩 업」의 세계관에서 과학적 판단에 기반한 의사소통과 실천, 해결을 위한 공동체의 조직적 움직임은 찾아보기 어렵다. 진실을 전해야 할 과학자들은 자극적인 정치와 미디어 환경에 제대로 대응하지 못하고 휩쓸려 다닌다. 정치를 모르는 순수한 그들은 과학적 사실에 근거해 위기 상황을 알릴 뿐 사회적 대응을 촉구하는 데 철저히 실패한다. 한편 미디어를 통해 유통되는 콘텐츠의 기획·제작을 주도한 정치인, 기업인, 방송인은 도래한 위기 상황을 이익 추구를 위한 수단으로 바라본다. 왜곡된 미디어와 각자의 기분에 따라 움직이는 대다수 시민이 서로 호응하면서 인류는 파멸을 맞이하게 된다.

이 콘텐츠를 본 주변 사람들의 평은 다양했다. 작품의 참신함에 공감한 사람이 있는가 하면,「돈 룩 업」전체를 그저 자극적이고 재미있는 풍자극 정도로 보고 혜성 충돌이 기후위기에 대한 은유임을 인지하지 못하는 사람도 있었다. 제작자의 의도야 어찌 되었든 거대 자본이 만들어 낸 엔터테인먼트 상품으로밖에 보이지 않는다고 말한 이도 있었다.

나는 기후위기를 암시하는 이 영화가 소통의 단절로 인한 공동체의 붕괴를 잘 그려 냈고, 그를 극복할 수 있는 힌트 정도는 담아 두었다고 본다. 결국 소통을 통해 변화를 만들려면 그 주장에 내용이 채워져야 한다. 꿀벌의 죽음에서 시작해 그 원인으로 추정되는 더 큰 기후위기로 관심을 옮기고, 종국에는 기후위기와 관련된 다른 문제의 해결책을 들여다보게 하는 것이 기획·제작·홍보 관점에서 두루 바람직한 콘텐츠를 생산하는 과정이다. 여기에는 의미와 재미가 잘 어우러져야 한다. 누가 뭘 의미 있다고 생각하는지, 왜 재미있다고 생각하는지는 서로 많이 만나서 이야기를 나눠 봐야 알 수 있다.

지금 우리가 함께 할 수 있는 일

「돈 룩 업」이 그린 것처럼 여러 배경을 지닌 사람들 간

김찬현

의 소통 단절이 현실에도 존재한다. 지금 우리에게는 함께할 사람들, 사람들과 함께 나눌 이야기가 필요하다. 기후위기를 스스로 잘 알고, 공부하고, 주변 사람에게 알리자는 목표에 공감하는 커뮤니티를 꾸려야 한다.

물리학도와 반도체 엔지니어로 살아가면서 주변인들이 과학과 공학에 큰 관심을 두지 않는 것을 당연하게 생각했던 나는 시민들을 대상으로 한 독서 모임과 출판 행사에 나가며 내 이야기를 들어 주는 사람들과 만났다. 그리고 깨달았다. 이야기가 닿지 않은 건 단지 소재의 문제로만 치부할 게 아니었구나. 상황과 전달 방식의 문제였구나.

사람들이 과학기술의 가치에 귀기울이는 경험이 축적되면서 과학 커뮤니케이션에 관심을 가지게 되었고, 과학기술 전문 지식을 번역하는 일을 거쳐 과학기술인 단체 활동에 이르렀다. 특히 나의 출신 배경과 다른 분야의 사람들과 서로에게 이질적인 지식과 경험을 나누며 내가 하고자 하는 이야기를 이전보다 수월하게 전하는 방법을 알게 되었다. 내게 배운다는 행위는 잘 모르는 사람과 잘 모르는 지식에 대해 알아 가는 것이다. 게다가 이 과정은 굉장히 즐겁다. 사람과 사람이 만나서 친구가 되고 소통하며 막힌 곳이 뚫리는 경험을 한다는 건 굉장히 상쾌한 체험이기 때문이다.

2017년 대통령 선거 직후 개헌에 대한 논의가 불거졌을 때 ESC는 헌법 130개 조항 중 '과학기술'과 관련된 조항의 개선안을 만들어 국회 청원을 진행했다. "국가는 과학기술의 혁신과 정보 및 인력의 개발을 통하여 국민경제의 발전에 노력하여야 한다."라는 헌법 제127조 제1항은 제정 후 반세기가 지나도록 크게 바뀐 적이 없었다. 경제 발전을 위한 도구 이상으로 다양한 가치를 지닌 과학기술의 의미를 선명하게 드러내야 한다는 회원 간의 합의는 과학기술의 문제를 고민해 온 법학도 김래영의 헌신 덕분에 가능했다.

기후위기 운동 연대와 마찬가지로, 크고 작은 제언이 모여 정리한 문건은 단체 밖과 연결되는 통로가 되었다. 국회 헌법 개정 특별 위원회의 자문 위원으로 참여 중인 법학자들이 우리의 개선안에 응답한 것이다. 이들은 개헌 논의에서 소외돼 있던 제127조 조항을 과학기술 단체가 진지하게 고민한 것을 기꺼워했다. 대학과 기업 연구실이 주 무대인 과학기술인의 언어가 과학 바깥의 언어로 번역되어 법의 영역에 닿는 순간

　　　　　　　　김찬현

이었다. 비록 우리의 안이 헌법 개정까지 이어지지는 않았지만, 과학의 가치를 재정립하려 한 기록은 이후의 누군가에게 중요한 참고가 될 것이다.[5]

기후위기에 대해서는 앞으로 더 많은 일이 가능하리라. 적확한 기획, 제작과 홍보 방식을 찾아 나가는 여정은 힘들지만 보람차다. 누구에게 어떤 메시지를 어떤 방식으로 전할 것인가? 기후위기로 인한 이상 징후와 재앙의 사례는 더욱 늘겠지만, 멸종 시계의 초침을 더 빠르게 하지 않기 위해서라도 막힌 곳을 뚫어 가는 활동은 계속될 것이다.

[5] ESC, 「〈4차산업혁명 시대? 과학기술과 헌법〉 공개 포럼 자료집」 (2017).

참고 문헌(발표순)

이솔 「산만한 나날의 염증에 관하여」
발터 벤야민, 최성만 옮김, 『기술복제시대의 예술작품』(길, 2021).
마틴 스코세이지, 김루시아 옮김, 「펠리니와 함께 시네마의
　　마법이 사라지다」, 《르몽드디플로마티크》 2021년
　　8월호, https://www.ilemonde.com/news/
　　articleView.html?idxno=14828

콘노 유키 「핫플레이스의 온도」
마셜 맥루언, 김진홍 옮김, 『미디어는 마사지다』(커뮤니케이션북스,
　　2001).
발터 벤야민, 김영옥, 황현산 옮김, 『보들레르의 작품에 나타난
　　제2제정기의 파리/보들레르의 몇 가지 모티프에 관하여 외』(길,
　　2010).
마츠토야 유미, 「따스함에 둘러싸인다면」(1974).
「미술관에서 만난 맑고 평온한 자연…… 김보희 개인전 '인기'」,
　　《중앙일보》, 2020년 7월 6일 자, https://
　　www.joongang.co.kr/article/23818037#home

최윤 작가 홈페이지 소개 글, http://www.yunyunchoi.com/
index.php/18/--panic-series-/

スーザン・ソンタグ, 『写真論』(晶文社, 1979).

ジョン・バージャー, 『見るということ』(白水社, 1993).

김윤정 「귀여움이 열어젖히는 세계」

김홍중, 「삶의 동물/속물화와 참을 수 없는 존재의 귀여움」, 《사회비평》
36(2007).

권유리야, 「귀여움과 장애, 기형적인 것의 향유」, 《한국문학논총》
79(1)(2018).

김경태, 「돌보는 귀여움: 서투르지만 귀여운 베어 커버 댄스와 퀴어
친밀성」, 《여성문학연구》 0(50)(2020).

전의령, 「"나만 없어, 반려동물"」, 《한편》 4호 '동물'(2021).

김윤정, 「시청자를 넘어 '랜선집사' 되기: 동물 콘텐츠를 보는 한국
청년들의 실천과 정동, 그리고 인간 동물 관계의 변화」,
서울대학교 인류학과 석사학위논문(2022).

Sherman, Gary D. & Haidt, Jonathan, "Cuteness and
Disgust: The Humanizing and Dehumanizing Effects
of Emotion." *Emotion Review* 3(3)(2011).

Dale, Joshua Paul et al., *The Aesthetics and Affects of
Cuteness*(Routledge, 2016).

Despret, Vinciane, *What would animals say if we asked
the right questions?*(University of Minnesota Press,
2016).

Page, Allison, "This Baby Sloth Will Inspire You to Keep
Going: Capital, Labor, and the Affective Power of
Cute Animal Videos", *The Aesthetics and Affects of
Cuteness*(Routledge, 2017).

Marx, Kate, ""He's so Fluffy I'm Gonna Die!" Cute

Responses by Hikers to Autonomous Animals on the Appalachian Trail," *Anthrozoös* 32(1)(2019).

신윤희 「아이돌 팬이라는 콘텐츠」

마크 더핏, 김수정 옮김, 『팬덤 이해하기』(한울, 2016).

신윤희, 『팬덤 3.0』(스리체어스, 2019).

정민우·이나영, 「스타를 관리하는 팬덤, 팬덤을 관리하는 산업: '2세대' 아이돌 팬덤의 문화 실천의 특징 및 함의」, 《미디어, 젠더 & 문화》 12호(2009년 10월호)

신윤희, 「코로나19 이후의 팬덤」, 『페미돌로지』(빨간소금, 2022).

헨리 젠킨스, 김정희원·김동신 옮김, 『컨버전스 컬처』(비즈앤비즈, 2008).

천미림 「범죄물을 대하는 자세」

Pierre Morel, 「Taken」(2008).

애덤 모턴, 변진경 옮김, 『잔혹함에 대하여』(돌베개, 2015).

김영하, 『살인자의 기억법』(문학동네, 2013).

아마기 세이마루·가나리 요자부로·사토 후미야, 『소년탐정 김전일』(서울미디어코믹스).

SBS NOW, "[꼬꼬무] 요약 '악마들의 살인공장' 지존파 "이 세상 법이 X 같은 거야""(2021), https://youtu.be/uSZQpqcvy2Q.

Adam Smith, *The Theory of Moral Sentiments*, D. D. Raphael & A. L. Macfie (ed.)(Liberty Fund, 1982).

Adam Smith, *Essay on Philosophical Subjects*, W. P. D. Wightman & J. C. Bryce (ed.)(Liberty Fund, 1982).

허지우 「"그거 이차가해 아닌가요?"」

양효실, 박수연 외, 『당신은 피해자입니까, 가해자입니까』(현실문화, 2017).

진중권, 『미학 스캔들』(천년의상상, 2019).

「'2차 가해'와 '피해자 중심주의'에 대해」, 《허핑턴포스트》, 2018년 3월 15일 자, https://www.huffingtonpost.kr/hyunyoung-kwonkim/story_b_15352452.html

McDonald, A., "Chapter 9. The Development Of A Victim-Centered Approach To International Criminal Justice For Serious Violations Of International Humanitarian Law," *International Humanitarian Law: Prospects*(2006).

Wemmers, Jo-Anne, "A Short History of Victimology," Hagemann, O., Schäfer, P., Schmidt S. (eds.), *Victimology, Victim Assistance and Criminal Justice: Perspectives Shared by International Experts at the Inter-University Centre of Dubrovnik*(May 1, 2010).

Berg, M., *Popular Justice: A History of Lynching in America (American Ways)*(Ivan R. Dee, 2011).

Delivré, É., & Berger, E. (eds.), *Popular Justice in Europe(18th-19th Centuries)*(Società editrice il Mulino Bologna, 2014).

Festré, A., & Garrouste, P., "The 'Economics of Attention': A History of Economic Thought Perspective," *Œconomia*(5-1, 2015).

장유승 「조선 사람이 선택한 콘텐츠」

蔡濟恭, 『樊巖集』.

李德懋, 『靑莊館全書』.

吉川幸次郞, 鄭淸茂 譯, 『元明詩槪說』(幼獅文化事業公司, 1980).

張哲俊, 『吉川幸次郞硏究』(中華書局, 2004).

정진석, 「일제 강점기의 출판환경과 법적 규제」, 《근대서지》6호(2012).

김하라, 「물질로서의 책과 유만주의 도서 구매: 책주름 조씨와의 거래를 중심으로」, 《한문학논집》 60집(근역한문학회, 2021).

조영일 「콘텐츠 시대의 예술작품」

「후지쯔 그룹 야마모토 다쿠마 회장에 듣는다: "멀티미디어 물결 전산업 파급"」, 《매일경제》 1994년 12월 9일 자, https://www.mk.co.kr/news/home/view/1994/12/63164

「영상산업 육성이 멀티혁명 관건」, 《매일경제》 1995년 9월 27일 자.

백낙청, 「세계화와 문학: 세계문학, 국민/민족문학, 지역문학」, 《안과밖》(제29호, 2010).

발터 벤야민, 심철민 옮김, 『기술적 복제시대의 예술작품』(도서출판b, 2017).

東浩紀, 「精神分析の世紀, 情報機械の世紀」, 『郵便的不安たちβ』, 朝日文庫, 2002, 182頁(아즈마 히로키, 「정신분석의 세기, 정보기계의 세기」, 《비평구독》, 2021년 6월호).

정민경 「'되는 이야기' 만드는 법」

한국언론진흥재단, 「부동산 보도 현황과 개선방안 연구」(2021).

「기사! 정말 많이 쓰는 대한민국 기자들」, 《미디어오늘》 2021년 7월 8일 자, http://www.mediatoday.co.kr/news/articleView.html?idxno=214295

「정부 탓하며 강남만 쳐다보는 언론, "부동산 불안 주범"」, 《미디어오늘》 2022년 2월 5일 자, (http://www.mediatoday.co.kr/news/articleView.html?idxno=302144

「기자·피디 구분 없이 '콘텐츠 크리에이터' 채용 CBS 신입공채 눈길」, 《미디어오늘》 2022년 2월 24일 자, http://www.mediatoday.co.kr/news/articleView.html?idxno=302523

김찬현 「막힌 곳을 뚫는 과학」

기상청, 「기후변화 2021 과학적 근거」(2021), http://
    www.climate.go.kr/home/cc_data/2021/
    IPCC_Report.pdf

정진영 외, 『일반인을 위한 기후 변화의 과학과 정치』(경희대학교
    출판문화원, 2019).

ESC, 「기후 위기의 과학적 사실」(2019), https://bit.ly/3y9DSeo.

ESC, 「〈4차산업혁명 시대? 과학기술과 헌법〉 공개 포럼
    자료집」(2017), https://bit.ly/3FkTwVJ.

지난 호 목록

인문잡지 한편
8
콘텐츠

글
이솔, 콘노 유키, 김윤정, 신윤희, 천미림,
허지우, 장유승, 조영일, 정민경, 김찬현

편집
신새벽, 김세영, 조은, 맹미선, 백지선

디자인
유진아

발행일
2022년 5월 13일

발행인
박근섭, 박상준

펴낸곳
(주)민음사

등록일 / 등록번호
2020년 5월 20일
강남, 사00118

주소
서울시 강남구 도산대로1길 62(신사동)
강남출판문화센터 5층(06027)

대표전화
02-515-2000

홈페이지
www.minumsa.com

값 10,000원

ISBN / ISSN
978-89-374-9153-5 04100
2733-5623